図解即戦力  オールカラーの豊富な図解と丁寧な解説でわかりやすい！

# 資産の運用と投資のキホンが

これ1冊で

## しっかりわかる教科書

伊藤 亮太
Ryota Ito

技術評論社

# これからの時代に資産運用が必要な理由

「投資ってしないといけないの?」

「はい、これからはお金を増やす時代です」

## 生きるぶんだけ、お金がかかる

これまでは、老後は貯蓄と公的年金で生活できていました。でもいまは人生100年時代。平均寿命はどんどん延び、そのぶんかかるお金も増えています。また、公的年金の支給水準は今後どの世代でも低下する見通し。年金だけでは生活費が足りない可能性が高いです。現役世代の私たちに将来の確約はありません。お金を貯めつつも、増やしていくことが求められているのです。

### 【今後の年金支給額の見通し（悲観的な場合）】

所得代替率とは年金額が現役世代の手取り収入額と比較してどのくらいの割合かを示す値です

**2019年　65歳**

| | | 20年後 |
|---|---|---|
| 現役世代の手取り額 | 35.6万円 | 40.12万円 |
| 夫婦2人の年金額 | 22.0万円 | 19.5万円 |
| 所得代替率 | 61.7% | 48.6% |

→ 手取り額の6割は支給される

**2054年　65歳（現在の35歳）**

| | | 20年後 |
|---|---|---|
| 現役世代の手取り額 | 45.18万円 | 52.86万円 |
| 夫婦2人の年金額 | 20.6万円 | 20.3万円 |
| 所得代替率 | 45.6% | 38.4% |

→ 手取り額の半分以下の支給になる可能性がある

出典：平成31年・財政検証に基づく試算「厚生労働省社会保障審議会資料」　※ケース5、経済が不振のケースを元に作成

## 貯めるだけでは、物価の上昇に追いつけない

電気代がまた値上がり……

日本では、モノやサービスの値段が上がるインフレが今後さらに加速するといわれています。

ところで預金をしているみなさん、預金金利がどれくらいか知っていますか？ 日本は低金利国家です。預金をしてもお金が増えることはほぼありません。

生活スタイルは変わらないのにお金が減る……

それなのにモノの値段は上がる一方。貯めているだけでは、お金は減るばかりなのです。

## お金に働いてもらえば、お金は勝手に増えていく

2000〜2022年末の間に米国では家計金融資産が3.6倍に伸びています。一方日本はというと1.6倍。日本は個人総資産の約51％が現預金で、債券・株式・投信はたったの約21％。米国は現預金が約12％で債券・株式・投信は約58％。比率が逆なのです。日米の金融資産の推移を見ると、資産運用が盛んな米国のほうがお金を増やせています。預金ではお金が増えない時代のいま、資産運用はやはり必要です。

【日米の家計金融資産の推移】

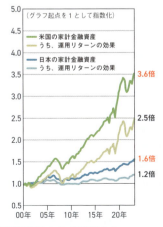

※米国は米ドルベース、日本は円ベース

【日米の家計金融資産の構成比】

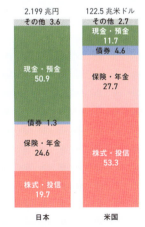

※2024年3月末時点、％での表記

# さあ、資産運用をはじめよう！

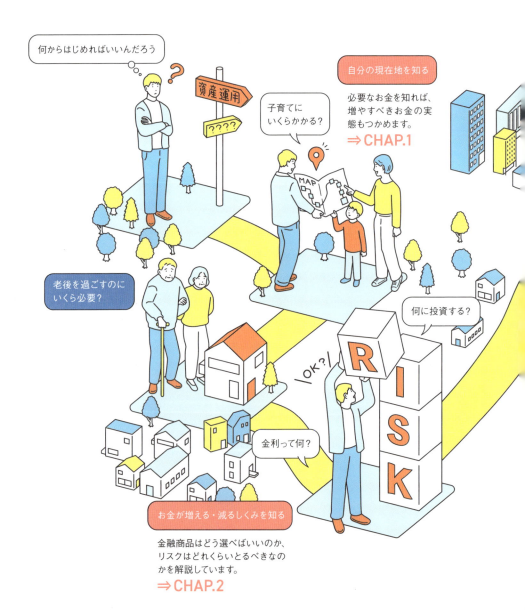

# CONTENTS

これからの時代に資産運用が必要な理由 … 002
さあ、資産運用をはじめよう！ … 004

## CHAP 1　資産運用を始める前に

01 一生に必要なお金を知る① 人生の三大資金 … 014
02 一生に必要なお金を知る② 生活費を含めた総資金 … 016
03 実際の貯蓄額をデータで確認 … 018
04 今の高齢者無職世帯ですら年金だけでは生活できない … 020
05 お金を貯めるタイミングは20〜30代と50代 … 022
06 お金を貯めるには貯蓄の習慣化が必要 … 024
07 家計の無駄を洗い出してみよう … 026
08 普通預金、定期預金の金利一覧 … 028
09 住宅や事業を除けば借金は原則しないこと … 030
COLUMN1 預金と運用は同時に行うことを考えよう … 032

## CHAP 2　資産運用の考え方、金融商品を選ぶ指標

01 複利の考え方と「72の法則」 … 034
02 経済が成長すれば株価も上昇する傾向にある … 036

03 目標リターンを設定しリスクの高低を決める … 038
04 資産・地域・時間 3つの分散を徹底する … 040
05 金融商品を買うときは値動きが異なるものを選ぶ … 042
06 時間分散を活かすなら積立投資が有効 … 044
07 無計画な投資は失敗のもと 投資額から収益をイメージ … 046
08 景気動向指数と日銀短観で国内景気動向を予測 … 048
09 雇用統計とISM製造業景況指数で米国景気動向を予測 … 050
10 「世界経済見通し」をもとに各国の状況を把握する … 052
11 インフレ対策としての資産運用の考え方 … 054
12 自分に合った資産運用ルールを作る … 056
COLUMN2 金融商品の特性から預金・債券・株式・投信を考える … 058

## CHAP 3　株式投資の考え方、銘柄の選び方

01 株式は資金調達手段の1つ 出資者は配当や売却益を得る … 060
02 市場の動きを知る 証券取引所と相場指標 … 062
03 会社四季報で割安株を探す① PERとPBR … 064
04 会社四季報で割安株を探す② 予想配当利回り、配当予想 … 066
05 会社四季報で割安株を探す③ 時価総額と現金同等物 … 068
06 会社四季報で成長株を探す① 業績とROE … 070
07 会社四季報で成長株を探す② 絶好調、黒字転換 … 072
08 日経平均株価のレンジ（範囲）の考え方 … 074
09 買われすぎ、売られすぎのサイン「RSI」を活用 … 076

10 適時開示情報閲覧サービスから決算情報などを入手する … 078
11 株式の過去の年間パフォーマンスを知る … 080
12 株式ミニ投資の活用（単元未満株投資）… 082
13 信用取引・先物取引は原則行わない … 084
COLUMN3 株式を保有するだけで金利を受け取る方法 … 086

# CHAP 4 債券投資の考え方、銘柄の選び方

01 そもそも債券ってどんなもの？ … 088
02 債券のメリットとデメリット … 090
03 債券の種類① 国内債券（公共債・民間債）… 092
04 債券の種類② 外国債券 … 094
05 債券の種類③ 利付・割引債、個人向け国債 … 096
06 債券の過去の年間パフォーマンスを知る … 098
07 債券の売買方法はおもに店頭取引 … 100
08 仕組債はリターンもリスクも大きい … 102
COLUMN4 債券の格付けの考え方 … 104

# CHAP 5 投資信託の考え方、銘柄の選び方

01 そもそも投資信託とは？投資信託のメリット・デメリット … 106
02 投資信託の種類① インデックスとアクティブ … 108

03 投資信託の種類② 単位型・追加型・ターゲットイヤー型 … 110
04 投資信託にかかるコストを比較する … 112
05 投資信託の実際のパフォーマンスを比較する … 114
06 投資信託の目論見書や運用報告書の確認の仕方 … 116
07 実際に投資信託を購入してみる … 118
08 投資信託におけるトータルリターンの考え方 … 120
09 投資信託の活用方法（新興国・海外投資など） … 122
COLUMN5 アクティブがインデックスに勝つとき … 124

CHAP **6**

## 不動産投資、その他の金融商品の考え方、選び方

01 不動産投資ってどんなもの？ … 126
02 不動産投資のメリット・デメリット … 128
03 現物の不動産に投資する … 130
04 少額で不動産投資ができるREIT … 132
05 REITの過去の年間パフォーマンスを知る … 134
06 不動産小口化商品の活用 … 136
07 コモディティ投資ってどんなもの？ … 138
08 価値がゼロになることはない金（ゴールド）投資 … 140
09 ハイリスク・ハイリターンのCFD取引 … 142
10 クラウドファンディング（投資型）の活用① … 144

11 クラウドファンディング（投資型）の活用② … 146
COLUMN6 有事の金は今でも有効 … 148

## CHAP 7
## 外国為替のしくみ・外貨建て商品の活用

01 為替を動かす二大要因 金利と物価 … 150
02 為替差損が生じたらほかの利益と相殺してみる … 152
03 金利と為替変動から利益を狙える外貨預金 … 154
04 同時にお金を増やせる外貨建て保険 … 156
05 高利回りが狙える外貨建てMMF … 158
06 何倍もの資金で売買できるFXの活用 … 160
07 為替市場の中心通貨 米ドルとユーロ … 162
08 安全資産だった日本円 値動きが激しい英ポンド … 164
COLUMN7 WISEをもとに外貨を複数保有してみる … 166

## CHAP 8 税制優遇制度を活用する

01 資産運用における税金とは？ … 168
02 NISAのしくみ … 170
03 iDeCoのしくみ … 172

04 NISAとiDeCoの使い分け … **174**

05 つみたて投資枠を利用した運用商品の選定の仕方 … **176**

06 成長投資枠を利用した株式の選定の仕方 … **178**

07 iDeCoを利用した投資信託の選定の仕方 … **180**

08 NISAのデメリット … **182**

09 iDeCoのデメリット … **184**

COLUMN8　さぁ、口座を開設して資産運用を実践してみよう … **186**

# CHAP 9　資産配分の考え方、見直しの仕方

01 日米欧の家計 資産配分の実際 … **188**

02 ポートフォリオを組む① 安定型 … **190**

03 ポートフォリオを組む② 安定・成長型 … **192**

04 ポートフォリオを組む③ 積極型 … **194**

05 年齢や資産状況により配分を変更していく … **196**

06 参考にしたいポートフォリオ① GPIF … **198**

07 参考にしたいポートフォリオ② ICU（国際基督教大学）… **200**

08 参考にしたいポートフォリオ③ 東京大学基金 … **202**

09 参考にしたいポートフォリオ④ ハーバード大学基金 … **204**

COLUMN9　分散投資で非システマティックリスクを軽減 … **206**

# 付録
# 資産運用で利用したい管理方法・決済・投資

01 家計簿アプリで預貯金から運用管理まで … 208

02 おつり投資 … 209

03 クレジットカード決済で投資信託を購入する … 210

04 ポイント投資 … 211

05 ロボアドバイザーの活用 … 212

06 物価連動国債でインフレ対策 … 213

07 民間企業が発行する債券の活用 … 214

08 ふるさと納税の活用 … 215

索引 … 216

おわりに … 222

---

ご注意：ご購入・ご利用の前に必ずお読みください

本書の情報は特に断りがない限り、2024年7月現在のものです。本書は投資をするうえで参考になる情報の提供のみを目的としています。最終的な投資の意思決定は、お客様ご自身の考えや判断でなさるようお願いいたします。本書の情報に基づいて被ったいかなる損害についても、著者、監修者および技術評論社は一切の責任を負いません。

CHAP

# 1

# 資産運用を
# 始める前に

人生100年時代ともいわれる今、最後まで豊かに生きるためにはどれくらいのお金が必要なのでしょうか。資産運用を上手に行うには、理想の人生を送るために必要なお金の額を知ることが大切。本章では、最低限知っておきたいお金のことを解説します。

# CHAP 1 01 一生に必要なお金を知る① 人生の三大資金

まずはココから

> **Point**
> - 人生の三大資金とは、教育資金・住宅資金・老後資金
> - 預貯金で貯めるのか、資産運用で確保するのか考える

## 資産運用の前に「必要な資金の額」を知る

資産運用を始める前に、まず考えたいのが今後必要となる資金のこと。金額を知り、それに備えて資産運用を行っていくことが大切だからです。やみくもに資産運用をするのではなく、目的を持ち、目標額を決め、それに沿って運用していく。そして、希望するライフプラン、リタイアメントプランをエンジョイする。これが資産運用を行ううえで大前提となります。

一般的に、人生において大きく3つの資金が必要となるといわれています。その3つとは、教育資金、住宅資金、老後資金です。

教育資金は、どのような進路を歩むかにより必要額が異なります。

幼稚園から高校まで公立に、大学4年間も国立に通った場合は1,056万円ほどの学費が必要です。幼稚園から大学（理系）まで、すべて私立に通った場合には2,660万円ほどがかかります。もちろん、児童手当などでカバーできる側面もあるものの、すべてをまかない切れるわけではありません。

住宅資金に関しては、住む場所に加えて一戸建てかマンションか、持ち家か賃貸かで話は変わります。

持ち家であれば、住宅ローンの返済を考慮しながら生活費の捻出を検討する必要があります。賃貸であれば、老後の家賃をどう工面するのかについて検証する必要があるでしょう。

老後資金に関しても、どんな生活を送りたいかによって必要な額は変わります。働き方により受け取ることのできる年金の種類・年金額も異なるため、生活費と年金額の差をどう埋めていくのかを考えなければなりません。

右ページに、人生の三大資金のうち、一般的に必要な教育資金と住宅資金に関する目安を記載しました。これらを預貯金で確実に貯めていくのか、それとも時間を味方につけて保険なども含む資産運用により設計していくのか。この点を意識しながら、本書を読み進めていただければと思います。

---

**ライフプラン**と**リタイアメントプラン**　ライフプランは希望する人生を送るために、リタイアメントプランは退職後に理想の人生を送るために、どちらもお金の面から考える人生設計のこと。

KEYWORD

## 💴 教育資金は最低1,000万円必要

| | | | | | 高校までの学習費総額 | 大学入学費用と在学費用 | 合計 |
|---|---|---|---|---|---|---|---|
| 幼稚園 | 小学校 | 中学校 | 高校 | 大学 | | | |
| 公立 | 公立 | 公立 | 公立 | 国立(4年間) | 5,744,201円 | 約4,812,000円 | 約10,556,201円 |
| 私立 | 公立 | 公立 | 公立 | 私立(4年間・文系) | 6,196,091円 | 約6,898,000円 | 約13,094,091円 |
| 公立 | 公立 | 公立 | 私立 | 私立(4年間・文系) | 7,357,486円 | 約6,898,000円 | 約14,255,486円 |
| 私立 | 私立 | 私立 | 私立 | 私立(4年間・理系) | 18,384,502円 | 約8,216,000円 | 約26,600,502円 |

出典:文部科学省「令和3年度 子供の学習費調査」
日本政策金融公庫「教育費負担の実態調査結果(2021年12月20日発表)」をもとに筆者作成

どんな教育を受けさせるかによって、教育資金の総額は倍以上変わる。計画的に資金を用意しなければ預貯金ではまかない切れないこともある。

## 💴 一般的な住宅資金は最低3,000万円程度

※土地を購入した新築世帯(土地購入資金も含む)。調査地域は全国、その他住宅は三大都市圏での調査
出典:国土交通省「令和4年度住宅市場動向調査報告書」

自己資金比率とは、住宅資金のうち、返済不要なお金(貯蓄から支払った金額)の割合のことです

グラフは新築、中古問わずはじめて物件を購入する世帯の住宅購入資金。新築の住宅(戸建て・マンション)を購入する場合、4,000〜5,000万円ほどの住宅資金を工面しなければならない。

**保険** 教育資金を貯める方法に学資保険がある。保険料として定額を毎月支払うことで貯蓄するしくみ。老後資金を貯めるには、私的年金として個人年金保険やiDeCo(P.172参照)といった手段も。

# CHAP 1
## 02 一生に必要なお金を知る②　生活費を含めた総資金

まずはココから

> **Point**
> - 一世帯で2〜3億円の生活費が必要
> - 資産運用は毎月の収支が黒字ではじめて可能となる

### 一世帯あたりの人生における生活費は3億円!?

人生の三大資金のほかに、==一生で必要となるお金として考えなければならないのが生活費==です。日々の生活で使うお金は、いったいどれくらいなのでしょうか。

総務省「2022年家計調査（家計収支編）」をもとに説明します。まず、大学を卒業する22歳までは親が生活費を出してくれると仮定し、23歳以降に必要となる生活費を算出します。30歳で結婚すると、男性の場合は7年間で約1,322万円、女性の場合は約1,339万円が生活費としてかかる見込みです。

結婚後、65歳までにかかる生活費は、2人以上世帯の月平均消費支出額である月290,865円を平均値として考慮すると、35年間で約1億2,216万円。これに老後の生活費（88歳まで生きた場合）である約7,411万円を加えると、==合計で2億2,288万円ほどが一生の生活費としてかかる見込み==になります。

このほかにも、住宅購入費用や子どもの教育費、臨時の出費などを加算すると3億円を超える可能性もあります。

どのような生活スタイルを選ぶのか、また、住む場所によっても実際にかかる生活費は異なるため、あくまで参考金額ではあるものの、こうした費用をやりくりする必要があります。

一般的には、普段の生活費は毎月の**給与**からまかないます（ボーナスはないものとして考えること）。そして、教育資金、住宅資金、老後資金などの「まとまったお金」が必要になるものは計画的に準備します。==10年以上かけて資金を増やしたいものに関しては、資産運用を検討しましょう==。

まずは、**毎月の収支**を確認してください。赤字家計の場合は資産運用よりも家計の見直しを進めるべきです。黒字家計の場合には、今後も黒字で推移できそうかどうかを確認してください。==資産運用は余裕資金や毎月の収支の黒字があって初めて本格的にできるもの==なのです。

---

**給与**　会社が従業員に対して支払う労働の対価（＝給料）。各種手当、ボーナスも含むもの。所得は給与の年間合計額から給与所得控除（必要経費）を差し引いた金額。

KEYWORD

**一生に必要なお金の総額イメージ**

【仮定】
① 大学を卒業する22歳までの費用は親からの援助でまかなうとし、考慮しない
② 夫婦ともに同級生、30歳で結婚。生活費は家計調査の金額をもとに推計

● 23～30歳（7年間は単身世帯）

女性（34歳以下）
・消費支出は月159,438円
・159,438円×12カ月×7年間
＝合計13,392,792円

男性（34歳以下）
・消費支出は月157,372円
・157,372円×12カ月×7年間
＝合計13,219,248円

● 30歳以降（2人以上世帯）

・2人以上世帯の月平均消費支出額の平均値を月290,865円とする
・65歳までの生活費（推計）
290,865円×12カ月×35年間＝合計1億2,216万3,300円

● 65歳以降

・生活費は月268,508円※の支出とする
・88歳（女性の平均寿命）まで2人とも生きた場合
268,508円×12カ月×23年＝合計74,108,208円

● 合計

・一生で必要となる夫婦の生活費
13,392,792円＋13,219,248円＋1億2,216万3,300円＋74,108,208円
＝合計2億2,288万3,548円
　＋住宅購入費用＋教育費＋臨時の出費
＝**3億円超の可能性がある**

出典：総務省「2022年家計調査（家計収支編）」
※参照：総務省「家計調査年報（家計収支編）2022年（令和4年）結果の概要」Ⅱ総世帯及び単身世帯の家計収支＜参考4＞表2

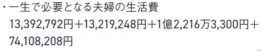
こうした支出に対して、働いて得られる給与、受け取れる年金、そして資産運用により増やす収入とでカバーしていく必要があります

---

**毎月の収支**　収入から支出を差し引いたもの。収入は入ってくるお金全般を指すが、ここでは可処分所得（＝手取り：給料－社会保険料－所得税・住民税）を用いる。

KEYWORD

# CHAP 1
## 03 実際の貯蓄額をデータで確認

貯蓄の現実

> **Point**
> - 平均貯蓄率は若い世代ほど高い傾向にある
> - 若い世代は収入が少なくても堅実に貯蓄している

### 将来への不安の表れ？ 30代以下の高い貯蓄率

一生の間に使うお金の額がわかったら、次はこの金額に対してどの程度の備えがあるのか、実際の貯蓄データをもとに確認していきましょう。

総務省「家計調査(家計収支編)2023年」によると、世帯主の年齢階級別家計収支(2人以上の世帯のうち勤労者世帯)では、40歳未満の黒字率が43.25％とほかの世代よりも高くなっています。可処分所得に対する貯蓄割合を示す平均貯蓄率は、29歳以下で45.3％、30代で40.0％と高い状況に。これが40代になると35.7％、50代では34.9％と低下していきます。

### 先取り貯蓄をできるかどうかがカギ

データからは、共働きでしっかり稼ぎながら、将来に備えて貯蓄もしっかりしているという状況が垣間見えます。

40代以上になると、教育費や住宅費などの支出が重くのしかかることで、20～30代に比べて収入は増加するものの、平均貯蓄率は低下します。

そのため結婚して子どもが生まれるまでの期間に、教育費などをできる限り貯めておくと後々の生活が楽になります。また、子育てが一段落したあとに老後資金を一気に貯めるといった方法も考えられます。

このようにやりくりしながら、貯めたお金の一部を運用に回し、時間を味方につけつつお金を増やしていくことができれば、すべてを貯蓄だけでまかなう必要がなくなります。

そのためにも、1つの基準として30代ぐらいまでは可処分所得の40％ぐらいは貯めましょう。そして貯蓄の一部を運用し、その習慣を身に着けていくことをまずは心がけましょう。

もう40代に突入してしまう！ という人も、今日から始めても遅くありませんよ。

---

**黒字率** 黒字とは、可処分所得(自由に使えるお金)から消費支出を差し引いたプラスの額のこと。黒字率とは可処分所得に対する黒字の割合のことで、「黒字÷可処分所得×100」で算出する。

KEYWORD

## お金にまつわる言葉

### 収入
手元に入ってくるすべてのお金のこと。副業などで入るお金も含む。

### 給与
会社が従業員に対して支払う労働対価のすべて。

### 所得
給与の年間合計額から給与所得控除（必要経費）を差し引いた額。必要経費とは、会社員なら仕事用の服やカバンなどのこと。

### 可処分所得
収入から税金や社会保険料などの非消費支出を差し引いた額（＝手取り収入）のこと。

## 家計収支に見る平均貯蓄率

|  | 平均 | 〜29歳 | 30〜39歳 | 40〜49歳 | 50〜59歳 |
|---|---|---|---|---|---|
| 実収入 | 608,182円 | 504,000円 | 577,669円 | 659,009円 | 690,475円 |
| 非消費支出 | 113,514円 | 76,912円 | 92,502円 | 126,556円 | 143,524円 |
| 可処分所得 | 494,668円 | 427,088円 | 485,166円 | 532,453円 | 546,951円 |
| 消費支出 | 318,755円 | 243,654円 | 273,875円 | 326,535円 | 353,248円 |
| 黒字 | 175,913円 | 183,434円 | 211,291円 | 205,918円 | 193,703円 |
| 平均消費性向 | 64.4% | 57.1% | 56.4% | 61.3% | 64.6% |
| 黒字率 | 35.6% | 42.9% | 43.6% | 38.7% | 35.4% |
| 平均貯蓄率 | 34.8% | 45.3% | 40.0% | 35.7% | 34.9% |

※世帯主の年齢階級別家計収支（2人以上の世帯のうち勤労者世帯）
※上記の年代は、世帯主の年齢階級を示している。金額は月額（円）

出典：総務省「家計調査（家計収支編）2023年」

> 40代になると教育・住宅費で出費がかさみ、収入は増えても貯蓄額は減る

> 20〜30代はしっかり貯蓄している傾向にある

> 将来、子どもを持ちたい場合や家を購入したい場合は、20〜30代でいかに貯蓄を増やせるかがカギになります。子どもを持たない場合も老後資金をできるだけ早い段階から貯めておけると、将来の生活が楽になるでしょう

**平均貯蓄率** 可処分所得に対する貯蓄純増の割合のこと。「貯蓄純増÷可処分所得×100」で算出する。2人以上世帯のうち、勤労者世帯の家計収支の平均は33.6％。

KEYWORD

# CHAP 1 04 今の高齢者無職世帯ですら年金だけでは生活できない

老後資金を知る

**Point**
- 老後資金は年金とは別に最低1,000万円は必要
- 年金の増額は期待できないため自身で資産運用することが必要

## 年金に期待できない時代はすぐそこに

老後資金構築のために資産運用をする人は少なくありません。

では実際に、どの程度資金を用意すべきなのでしょうか。目標金額を明確にすれば、資産運用の具体的な設定も可能になります。本項では65歳から100歳までの35年間について考えます。

総務省「家計調査年報（家計収支編）2022年」によれば、65歳以上の夫婦のみの無職世帯の家計収支では、**毎月22,270円が不足**しています。

仮に毎月22,270円の不足が35年にわたり続いた場合、**935万円ほどの生活費が足りない**ことになります。

また、**65歳以上の単身無職世帯の場合は毎月20,580円が不足**しています。これが35年間続けば、足りない生活日は864万円ほどです。

老後の過ごし方にもよりますが、最低でも1,000万円ほどを老後資金として確保しなければなりません。

注意したいのは、これらの金額は現状の高齢者無職世帯の場合という点です。今後は**マクロ経済スライド**の発動により、**公的年金額が実質的に目減りしていく可能性が高く**、これまで同様の年金額が受け取れるとは限りません。

政府が2024年に行った財政検証で、約30年後に年金水準が2割程度下がるという結果が公表されました。厚生労働省年金局の「令和3年度厚生年金保険・国民年金事業の概況」によれば、**厚生年金**のひと月の受給額は男性16万円3,380円、女性10万4,686円です。ここから2割減った場合、男性13万7,04円、女性8万3,748円。2～3万円減ることになります。**今ですら約2万円、生活費が足りないところ、さらに収入が約2万円減るとなれば、老後に用意しておきたい資金は2倍の約2,000万円**です。

少子化が進む一方の日本において、年金が増えることはあまり期待できません。現在、現役世代の人は、来る老後に備えてこれから資産運用で増やすほかないのです。

---

**マクロ経済スライド** 物価や賃金の変動に加え、現役世代の人口減少や平均余命の伸びを考慮して公的年金額を決める方法。

KEYWORD

## 65歳以上、夫婦で無職の場合の家計収支

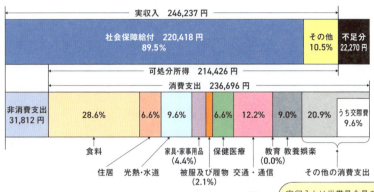

出典：総務省「家計調査年報（家計収支編）2022年（令和4年）結果の概要」

実収入とは世帯員全員の現金収入を合計したもの、非消費支出とは税金や社会保険料など世帯の自由にならない支出のことを指します

## 65歳以上、単身で無職の場合の家計収支

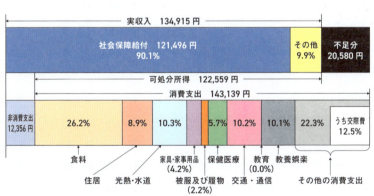

【注】
1．図中の「社会保障給付」および「その他」の割合（％）は実収入に占める割合
2．図中の「食料」から「その他の消費支出」までの割合（％）は、消費支出に占める割合
3．図中の「消費支出」のうち、ほかの世帯への贈答品やサービスの支出は「その他の消費支出」の「うち交際費」
4．図中の「不足分」とは「実収入」と「消費支出」および「非消費支出」の計との差額

出典：総務省「家計調査年報（家計収支編）2022年（令和4年）結果の概要」

**厚生年金** 会社員が加入する年金制度。国民年金に上乗せする形で厚生年金を受け取ることができる。国民年金（基礎年金）は満20～60歳までの日本に住むすべての人が加入する年金制度。

# お金を貯めるタイミングは 20～30代と50代

CHAP 1 05 貯蓄時期を知る

> **Point**
> - 20～30代は教育や住宅費用を貯める時期
> - 50代は老後資金を貯める時期

## 子育て世帯の40代は貯蓄が増えないのが当たり前

実際の平均貯蓄率が高いのは20～30代です（P.18参照）。この時期にいかに貯められるかによって、その後のライフプランの描き方も変わります。

とはいえ、20代は収入も増えて遊びたい時期。結婚して共働きとなったときに、いかに貯蓄できるかがポイントです。このときの貯蓄を、子どもの教育費や住宅購入の頭金として活用することになるからです。

30代後半から40代、50代前半ぐらいまでは子どもの教育費や住宅ローン返済などで手一杯というご家庭も多いことでしょう。収入が増えたとしても、貯蓄はあまり増やせないことが多いです。ですが、少なくとも人生の三大資金のうち、教育費と住宅費の山を越える時期にあります。ある程度資金繰りが片付いたら、50代以降は老後資金を構築していきましょう。

## 老後資金の貯め方は早いうちに決めておく

まだ20代という人は、個人型確定拠出年金（iDeCo）を用いて月1万円ずつの老後資金構築を行うとよいでしょう。あるいは40代後半から一気に貯めるスタイルでも資金構築は可能です。

老後資金構築のポイントは、「あと（後）がない」ということ。計画的に目標金額を構築しなければなりません。

老後資金が貯まらなかった、資産運用で損失を出し穴埋めが難しい。これでは老後の楽しみがなくなり、働く日々を送らざるを得ないといった悲しい顛末になりかねません。

貯められるときにしっかり貯める、コツコツ資産運用で増やす、退職金はすべて老後資金に利用する、いずれも併用するといった形で、どのように老後資金を確保するかを前もって決めておきましょう。

---

**個人型確定拠出年金（iDeCo）** 私的年金制度の1つ。加入の申込、掛金の拠出・運用を加入者が行い、老後資金構築を行うもの（P.172参照）。

KEYWORD

## 人生の中でお金が貯められる時期とは？

**教育や住宅資金の貯めどき**

**老後資金の最後の貯めどき**

| 年代 | ライフステージ | 時期（夫婦2人） | 時期（単身） | 設計 | 運用 |
|---|---|---|---|---|---|
| 20歳代 | 独身／新婚期 | 自分自身に投資を行う | | 仕事や資格取得など**自己投資中心＆貯蓄** | まずは自己投資を考える。可能なら貯蓄や資産運用も行う |
| 30歳代 | 家族形成期 | 家族のためにお金を貯め、使う | 住宅購入資金や親の介護資金などライフイベントに合わせてお金を使う | 仕事では自身のキャリアを積極的に伸ばす。プライベートでは生活を充実させていく | 給与収入を増やしながら、資産運用による**余裕資金の運用**も実践する時期。この時期の運用結果がリタイアメントプランに大きく影響することになる |
| 40歳代 | 家族成長期 | | | | |
| 50歳代 | 家族充実期 | 人生で年収が最も高い | | | |
| 60歳代 | 家族円熟期 | 人生を満喫する **目標** | プライベートを楽しむ時期。まとまった資金をどう使用するかを考える | 公的年金とあわせて、今まで運用した資産を取り崩して生活する時期。安全性を考慮して、預貯金主体となる | |
| 70歳代 | 老齢期 | | | | |

65歳までに老後資金が貯まらなければ65歳を過ぎても働かなければならない可能性も

こちらはあくまで一般例です。どのように生きていくか、人生設計によりお金が貯められる時期は人によって異なります

---

**退職金** 退職の際に、会社から退職者に支給されるお金のこと。退職一時金制度と企業年金制度の2種類がある。最近は退職金制度を設けていない中小企業も多い。

KEYWORD

# お金を貯めるには貯蓄の習慣化が必要

**Point**
- まずは貯蓄習慣を強制的に身につけてお金を貯める
- 積立預金や自動貯金アプリを活用する

## 給料が振り込まれたら一定額を別口座にすぐに移す

貯蓄がない。単身者をはじめ、こうした悩みを抱えている人もいるかもしれません。「お金を貯める習慣がない！」という人は、勝手にお金が貯まる方法を利用し、そのお金はなかったものとして普段の生活費からは除外していくのがおすすめです。

お金が貯まるようにするには、給料が振り込まれたらすぐに一定額を引き出して別口座に入れるしくみを利用しましょう。給料からの天引きで貯蓄できる財形貯蓄制度がない会社員や自営業者の人は、こうした強制的な方法を利用するとよいでしょう。

## 積立預金は毎月1,000円以上、1円単位から始められる

普通預金口座から、毎月指定日に一定額を積立預金口座へ移し替えて積み立て、満期日にまとめて資金を受け取る「積立預金」もおすすめです。毎月1,000円以上、1円単位と、少額から始められます。

メリットは、毎月勝手にお金が貯まること。「3年後に絶対に必要になるお金」を貯めたい場合などに活用できます。10年後などの中長期であれば資産運用で増やすという選択肢もありますが、1～3年後といった短期間の場合には、着実に貯められる積立預金のほう

が無難です。積立預金は、急に資金が必要になれば途中で引き出すことも、減額も可能です。

積立預金口座を作るなら、預金金利が高い銀行を選びましょう（P.28参照）。受け取れる利息（銀行が預け入れてくれたお金に対して顧客に支払う対価）が多くなります。

また、最近ではFinbeeなど、自動貯金アプリをもとにコツコツ貯金を行う方法もあります。お金を貯める秘訣には「無駄遣いを防ぐ」方法もあり、これについては次項で解説します。

---

**財形貯蓄制度** 福利厚生の一環として行われている給与天引きの貯蓄制度。年金や住宅購入のための貯蓄制度もある。

KEYWORD

## 積立預金口座を選ぶポイント

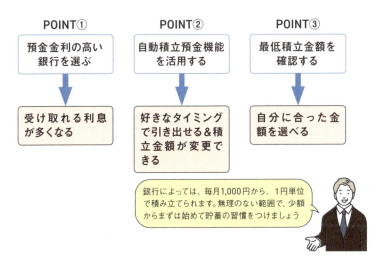

## 貯金が苦手な人は自動貯金アプリもおすすめ

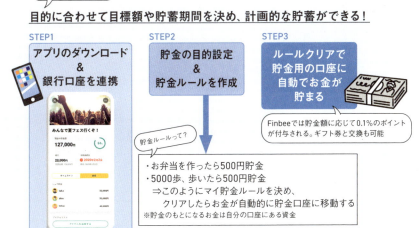

**金利** お金を貸してくれた人に銀行が支払う利子（見返り）を、借りたお金（元本）に対する割合で表したもの（P.29参照）。

## CHAP 1 07 家計の無駄を洗い出してみよう

無意識の支出

> **Point**
> - コストカットできるものはどんどん削る
> - コストカットできた部分は、貯蓄や資産運用に回す

### 貯める・増やすためには無駄も見直そう

強制的に貯蓄する方法とあわせて、お金を貯めるために行いたいのが**無駄を見直すこと**です。

みなさん、家計簿はつけていますか？ つけている場合には、サブスク（リプション）などで無駄にお金を支払っているものがないか確認してみましょう。

一般的に、見直しを行うとコストカットできるものとして、生命保険料、携帯電話代が挙げられます。このほかにも、外食を自炊に変える、習い事を見直すなどして毎月の支出を抑えることも検討できます。

ただし、本当に必要なものや、好きで削りたくないものは無理してカットする必要はありません。

### クレジットカードなど毎月の支出を見直す

見直すべきものは、毎月かかる支出部分です。毎月の費用が浮けば、そのぶんを貯蓄や資産運用に回すことができます。家計簿をつけておらず、毎月の収支がわからない人は、無理に家計簿をつけなくてもかまいません。ただし、日々のやりくりでお金を使い切ってしまい、貯蓄できていない場合は、強制貯蓄をして残ったお金でやりくりできるようにしていきましょう。

**クレジットカード**の支払明細書から無駄を削るのも１つの方法です。明細を見てみると、意外と無駄なものを買ったり、支払ったりしていることに気づきます。カード利用の無駄遣いを手っ取り早くやめる方法の１つは、手数料のかかる分割払いをやめること。ひと月に使えるお金の中で買えるものしか買わないようにするといった方法も検討しましょう。

ボーナス月にまとまった買い物をするのも気持ちいい行為ではありますが、毎月の収支同様、ある程度貯蓄や資産運用に回すことも考えてみてください。

---

**サブスク**　サブスクは３カ月に一度は見直すのがおすすめ。いつの間にか契約料が上がっていたということも多く、支払い金額に見合うほど頻繁に使用しているかなどをチェックする。

KEYWORD

## 家計の無駄を洗い出してみよう

・できれば家計簿をつけて、収入と支出を把握しましょう
・家計簿をつけるのが面倒であれば、クレジットカード支払明細書や領収書から日々の支出を管理しましょう

### ●家計の無駄を探すポイント

**POINT①**

毎月の固定費を知る

・家賃／ローン
・光熱費／通信費
・保険料　など

**POINT②**
毎月の黒字額＆預貯金の合計額を知る

お金の動きを把握することが貯金額増につながる。

**POINT③**

ボーナスの使い道を考える

貯蓄と運用に回して、資産を増やすことを考える。

### ●クレジットカードの利用額から支出を把握

【支払明細書を見るポイント】
・使途不明な出費はないか
　⇒解約し忘れていたサブスクを発見
・過度な分割払いで手数料を多く支払っていないか
　⇒リボ払いは一番の無駄遣い。一括支払いで買えるものだけにする

コストカットできたお金は、毎月の貯蓄や資産運用に回す

本当に必要なもの
本当に好きなもの
は減らさなくてOK

漠然とした数字が具体的にどうなっているのかが明確になり、現在の家計の問題点を把握することができる。

---

**クレジットカード**　リボ払いの平均金利は年率15～18％。20万円のものを毎月10,000円支払い、年率15％で購入した場合、総額26,250円を20万円とは別で支払うことになる（楽天カード調べ）。

# CHAP 1

## 08 普通預金、定期預金の金利一覧

金利に強くなる

> **Point**
> - 少しでも金利の高い預金に預けて着実にお金を増やす
> - キャンペーンによる金利上乗せを利用する

### 預け先が違えば、受け取れる利息も違う

貯蓄できるようになると、次に考えたいのがどんな預金で貯めていくのか？ ということです。自宅で現金を貯め込んでも利息（P.24参照）はもらえません。日本でも金利が徐々に上昇してきていること、**デフレからインフレへとマインドが変わってきた**ことを考慮すると、現金で持つよりも預金したほうがまだよいと言えます。

そこで、まずは普段使いする普通預金ならびに定期預金の**2024年6月時点における金利の事例**を取り上げます。

みなさんが普段利用する預金と言えば、普通預金を指すことが多いでしょう。**普通預金とは、期間の定めがなく、いつでも預け入れや引き出しができる預金**です。定期預金に比べると金利は低いものの、振り込みや税金の支払い、給与受け取りなどに利用できます。普通預金の金利は、**メガバンク**では年0.02％と極めて低く、増やすという視点からはあまり意味がありません（2024年8月6日から0.1％に引き上げられた）。

一方、**インターネット銀行**などでは**金利が年0.1％以上**というケースもあります。着実に貯蓄を増やしたい人は、普通預金の金利の高い銀行で収支の管理をするようにしましょう。

**定期預金とは、原則として満期日まで引き出すことができない預金**です。預入期間は最低1カ月間。安全性を重視しつつ、必要な時期にお金を引き出せるように設定することで、普通預金より多くの利息を受け取ることができます。例えば、**1年ものの定期預金の場合、年0.25％以上の定期預金を取り扱っている銀行もあります**。1年後に必要な教育資金のために預けるといった場合に利用するとよいでしょう。

銀行によっては、その時々のキャンペーンを利用することで、通常の定期預金よりも金利が上乗せされる場合もありますので、キャンペーンをうまく活用して利息を少しでも多く受け取れるようにしましょう。

---

**メガバンク**　総資産1兆ドル超の巨大銀行グループ。みずほ、三井住友、三菱UFJフィナンシャル・グループが該当する。

KEYWORD

## インフレとデフレ

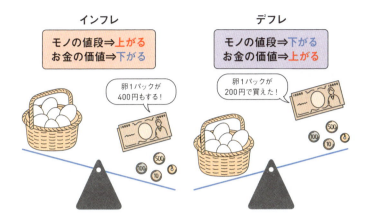

## 普通預金、定期預金の金利事例(2024年6月17日時点)

● 普通預金の金利が高い銀行例

| 銀行名 | 金利(年)税引前 | 備考 |
|---|---|---|
| 東京スター銀行 | 0.25% | 給与または年金の受取口座に指定した場合 |
| auじぶん銀行 | 0.23% | au PAYアプリ、au PAYカード、auカブコム証券と口座を連携した場合 |
| GMOあおぞらネット銀行 | 0.11% | あおぞらネット銀行とGMOクリック証券の口座連携サービス「証券コネクト口座」を利用する場合 |
| UI銀行 | 0.10% | 東京きらぼしフィナンシャル・グループが新設した銀行。普通預金口座保有者は誰でも年0.10%の金利が適用される |

● 定期預金の金利が高い銀行例(100万円を1年もの定期預金に預けた場合)

| 銀行名 | 金利(年)税引前 | 備考 |
|---|---|---|
| オリックス銀行 | 0.507% | eダイレクト預金(100万円以上) |
| SBI新生銀行 | 0.40% | スタートアップ円定期預金の場合(新規口座開設者限定、1口30万円以上。口座開設月を含む3カ月目の末日までの預け入れが対象) |
| 愛媛銀行四国八十八カ所支店 | 0.35% | だんだん定期預金ワイド(1口100万円以上300万円まで) |
| 香川銀行セルフうどん支店 | 0.33% | 超金利トッピング定期(10万円以上100万円以下) |
| 尼崎信用金庫ウル虎支店 | 0.30% | ウル虎支店専用定期(10万円以上1,000万円未満) |
| 清水銀行清水みなとインターネット支店 | 0.30% | インターネット支店専用定期に新規預け入れの場合に適用 |

キャンペーンによってはさらに高い金利が適用されることがある。各銀行のインターネット支店の場合、日本全国どこからでも申し込みが可能である場合が多い。

**インターネット銀行** 実店舗や自行のATMをほとんどもたず、インターネット上での取引を中心として営業を行う銀行のこと。

KEYWORD

# 住宅や事業を除けば借金は原則しないこと

> **Point**
> ● 資産は維持する、増やすのが大前提
> ● お金を借りる、利子を支払う行動はできるだけ控える

## 資産を減らすような行動はしない

　資産を築くためには過程が重要です。いきなり資産が莫大に増えることはありません。コツコツと貯蓄することに加えて、資産運用を行うことでさらに資産を増やすスピードを加速させることができます。「貯める」と「増やす」。この二段構えが必要です。

　これに反する内容が、資産を減らすこと。無駄遣いはもちろん、借金をすることも資産を減らすことになりかねません。といっても、借金のすべてが悪というわけではありません。

　例えば住宅購入です。住宅は資産ですから、住宅ローン控除を活用しながら、資産（住宅）を築くのであれば問題ありません。なお、支払う利子を抑えるために、住宅ローンを早く返済する繰上返済などもできるだけ検討していくべきです。

　また、事業を行うための借金はむしろ事業展開を加速させるためには必要なことです。事業で失敗しては元も子もありませんが、事業を拡大して収入を増やすという視点では借金は大切な要素です。

　こうした「資産や事業を拡大できるもの」に対する借金は問題ありません。

　しかし、クレジットカードの分割払い（3回払い以上）や、必ずしも使わないものを割賦払いで支払うといったことは慎むべきです。金利という余分なコストが発生します。見せびらかし消費とも言える高級な食事、ぜいたくな旅行なども、資産を自動的に増やすしくみができるまでは本来我慢すべきと言えます（ストレス解消などの目的がある場合は別です）。

　つまり、資産は維持する、増やすのが大前提ということ。資産を減らすことは、運用できる金額も減ることにつながり、資産を築くどころか後退してしまいます。お金を借りる、利子を支払うといったことができるだけないような生活を送りましょう。むしろ本当は、お金を貸せる（債券購入など）、利子を受け取る状況になるべきなのです。

---

**住宅ローン控除**　要件を満たせば住宅ローン残高の0.7％を最大13年間、所得税から控除する制度。中古住宅の場合は10年間、リフォームの場合も最大10年間、140万円の控除が適用となる。

KEYWORD

## 借金をすると利子を支払うことになる

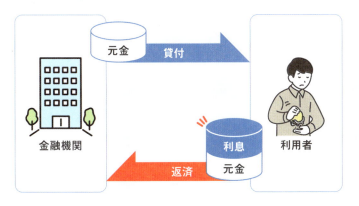

借金をすると、そのお礼として利子を上乗せして返済することになる。特に金利の高いクレジットカードの分割払い（3回払い以上のケース。2回払いまでは手数料なし）などは避けたほうがよい。

## お金を貸す側になれば資産は増える

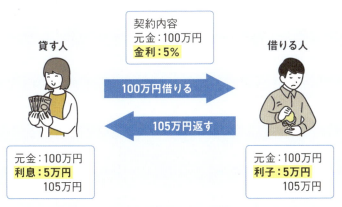

お金を貸す側となることで、利子を受け取り資産を増やすことができる。そのためにも、まずは貯蓄をしっかり行い、そのうえでお金を貸す、投資する行動をとっていくことが大切。

**繰上返済** 借金をまとめて返済する方法。住宅ローン返済には、元金返済額と利息の合計の返済額が毎月一定の元利均等返済と、元金返済額は一定でも利息は毎月減る元金均等返済がある。

KEYWORD

## COLUMN 1
# 預金と運用は同時に行うことを考えよう

### まずは少額から
### 資産運用を開始する

　確実に資産を形成するのであれば、預金と運用は同時に行うことをおすすめします。まとまったお金がないからできないと思われる人も、まずは毎月1万円ずつでもよいので、積み立てによる資産運用ができないかどうか考えていきましょう。

　例えば稼いだお金のうち、毎月1万円をNISA口座で積み立てる。そのうち3,000円は世界株式に（全世界株式投信など）、3,000円は日本株式に（日本株式投信やETFなど）、2,000円はREIT（不動産投資信託）に、2,000円は世界債券に投資する（世界債券投信など）といったイメージです。金額は小さいものの、立派な分散投資が可能です（詳細は次章以降にて）。

### 貯蓄は積立で
### 確実に資産を形成する

　貯蓄に関しても積立を利用して着実に資産形成を図れるように検討していきます。積立貯蓄とは、毎月一定額を積み立てていき、満期に受け取る預金です。こちらも例えば毎月1万円を預金します。

　もちろん、毎月2万円ずつなど、ご自身の状況によって積立を行う金額は変更してかまいません。例えば、大学生時代は貯蓄と投資にそれぞれ毎月5,000円～1万円、社会人になったらそれぞれ毎月1万円～2万円などと段階的に増やしていくことも検討できます。「資産運用なんて無理」という発想を捨てて少しでも資産運用を行い、「資産を増やすことは誰にでもできるのだ」という発想に切り替えましょう。何事もポジティブに発想を変えることで、不可能だと思われていたことも可能になります。意外にやってみたら簡単、ということもありえるのです。

　そのためにも、金融や資産運用の知識は必要不可欠です。CHAP.1では、資産運用を始める前段階としてお金を貯めるという部分に焦点をあててきました。CHAP.2以降では資産運用の考え方、金融商品の選び方などをマスターしていただきます。すべて読み終わる頃には、ひと通りの金融知識は得られているはずです。ぜひ読み進めながら、実践できるように銀行口座、証券口座も開設していきましょう。

CHAP

# 2

# 資産運用の考え方、金融商品を選ぶ指標

> できるだけ長期目線で、計画的に資産運用を行うことが資産を増やすには必要です。本章では、実際に資産運用を始める前に知っておきたい利息のしくみ、資産運用プランの立て方、プランに合った金融商品を選ぶためにチェックしたい指標などについて解説します。

# CHAP 2
## 01 複利の考え方と「72の法則」
利息で稼ぐ

> **Point**
> - 利息が利息を生む効果を複利効果という
> - 72の法則により、元本を2倍にする運用年数や年利回りが求められる

### 複利を理解し、複利で稼ぐ

資産運用を行ううえで、まず理解しておきたいのが複利の考え方です。相対性理論で有名なアルバート・アインシュタイン博士は、「複利は人類による最大の発明である。知っている人は複利で稼ぎ、知らない人は利子を支払う」という名言を残しています。複利とは、お金を投資して得られた利息をさらに投資に回すことで、「利息が利息を生む」状態にすることです。対して、得られた利息を投資に回さず受け取る場合は単利と言います。これは利息が利息を生む状態とはなりません。

例えば、元本100万円をもとに年10%の金利で2年間運用したとします。複利の場合には、2年後に100万円×$1.1^2$=121万円となります。単利の場合は、2年後に100万円×(1+0.1×2)=120万円となります。

比較すると2年後に1万円の差が生まれています。このまま10年間、同様の状況が続くと、複利はおよそ259.37万円に対して、単利は200万円となり、なんと10年で59万円以上の差が生まれます。複利効果は、長期になるほど大きな差として現れるため、できるだけ利息や分配金は受け取らずに再投資することを前提に考えるべきです。

### 複利を覚えるのに役立つ「72の法則」と「115の法則」

もう1つ知っておきたいのが「72の法則」です。複利で資産運用を行う場合に、元本を2倍にするために必要となる年数や金利を計算する法則です。年10%で複利運用をした場合、72÷10=7.2年で元本が倍になります。20年で元本を倍にしたい場合には、72÷20年=年3.6%で複利運用を行います。

なお、元本を3倍にしたい場合に使える「115の法則」というものもあります。長期的な複利効果を期待しつつ、法則を用いて運用目標を作りましょう。

---

**再投資** 投資で得られた収益を再度投資に回すこと。投資信託(P.106参照)では分配金を再投資に回すことができる。

KEYWORD

## 単利と複利の違い

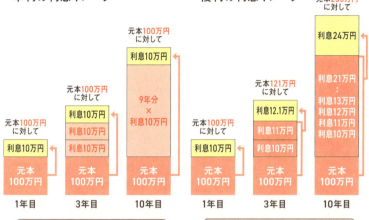

●単利の利息イメージ

●複利の利息イメージ

**単利＝元本×（1＋金利×年数）**

【年10%の利息（金利10%）が得られる単利の場合】
1年目では元本100万円×（1+0.1×1年）＝110万円
3年目には元本100万円×（1+0.1×3年）＝130万円
10年目には元本100万円×（1+0.1×10年）＝200万円
となる

**複利＝元本×（1＋金利）^年数**

【年10%の利息（金利10%）が得られる複利の場合】
1年目では元本100万円×（1+0.1）＝110万円
3年目には元本100万円×（1+0.1）3乗＝133万円
10年目には元本100万円×（1+0.1）10乗＝259万円
となる

## 複利で得られる利益は簡単に計算できる（iPhoneの電卓アプリ）

■元本100万円を年10%の金利で10年複利運用した場合

【計算式】（※nは運用年数）
元本 ×（1＋年利率）^n ＝運用期間で得られる元本＋利益

年利10%のため(1+0.1)＝1.1を入力し、「X^y」をタップして「10」と入力。

元本100万円をかけると259.3万円に。

**115の法則** 115を目標利回りや運用目標年数で割ることで、元本が3倍になるための年数や年利回りが求められるもの。年10%で複利運用した場合、115÷10＝11.5年で元本が3倍になる。

KEYWORD

# CHAP 2 - 02 世界経済を見る
# 経済が成長すれば株価も上昇する傾向にある

> **Point**
> - 世界全体で見ると、経済成長と株価上昇には正の相関がある
> - 「実質GDP成長率＜株式投資リターン」の国が多い

## 経済成長は株価上昇につながる可能性が高い

その時々の状況によっても異なるものの、**基本的には世界全体が経済成長を遂げれば株価も上昇します**。

ロンドン・スクール・オブ・エコノミクス（LSE）によれば、1900～2013年の各国の実質的な株式投資の平均リターン（配当金は再投資）と実質GDP成長率（平均）を比較すると、正の相関がある（同じ方向に動く）ことが示されています。米国ではおよそ6.5％の株式投資リターンに対して実質GDP成長率はおよそ3.3％、日本ではおよそ4.2％の株式投資リターンに対して実質GDP成長率はおよそ3.6％です。ほとんどの国において、実質GDP成長率よりも株式投資リターンのほうが平均して高い。つまり、**実質的な経済成長を遂げれば、それ以上の株式投資リターンが期待できた**ということです。もちろん将来を保証するものではありませんが、今後も世界経済が成長すれば株価も上昇する可能性は高いでしょう。

## 「全世界」という広い視野で経済成長と株価を見る

ただし、国によっては今後の少子高齢化にともなう人口減少等で、経済成長を継続的に遂げられるかどうか不明瞭な部分もあります。そのため、全世界という視野で経済成長と株価の関係を見ていくほうがよいかもしれません。

参考までに、2011年以降の全世界の実質GDP成長率を紹介します。2011～2023年（推計）をもとに全世界の実質GDP成長率の平均値をとるとおよそ3.19％です。仮に今後も平均して年3％以上の経済成長を遂げられるなら**平均して年3％以上の株式投資リターンが期待できる**と言えます。72の法則（P.34参照）にあてはめると、72÷3％＝24年で実質的な資産が2倍となる可能性があり、長期的な運用による複利効果が十分期待できそうです。

---

**経済成長** 一国の経済規模であるGDP（一定の期間内に国内で生み出された財やサービスの付加価値の合計）が拡大する状況のこと。経済成長を支える要素には人口・資本・技術進歩がある。

KEYWORD

## 株式投資平均リターンと実質GDP成長率の関係（1900〜2013年）

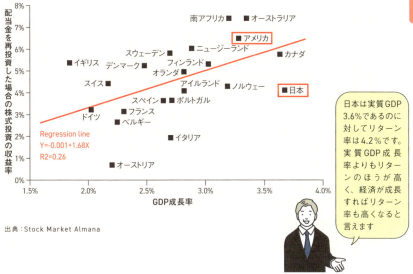

出典：Stock Market Almana

日本は実質GDP 3.6％であるのに対してリターン率は4.2％です。実質GDP成長率よりもリターンのほうが高く、経済が成長すればリターン率も高くなると言えます

## 世界の実質GDP成長率

| | 全世界の実質GDP成長率 |
|---|---|
| 2011年 | 4.3％ |
| 2012年 | 3.5％ |
| 2013年 | 3.5％ |
| 2014年 | 3.6％ |
| 2015年 | 3.5％ |
| 2016年 | 3.3％ |
| 2017年 | 3.8％ |
| 2018年 | 3.6％ |
| 2019年 | 2.8％ |
| 2020年 | ▲3.0％ |
| 2021年 | 6.0％ |
| 2022年 | 3.2％ |
| 2023年（推計） | 3.1％ |
| 平均 | 3.19％ |

出典：IMF World Economic Outlook

過去の全世界の実質GDP成長率は3％を超える年が多く、2011〜2023年（推計）の平均値をとっても年3.19％の成長率です。仮に実質的な株式投資収益率が実質GDP成長率を上回るのであれば、全世界の成長が続く限り、世界的には株価上昇が続く可能性が高いでしょう。年3％以上のリターンが期待できれば、物価上昇分を考慮しても24年で2倍以上の実質的な資産が築ける可能性は十分にあります

**実質GDP成長率** 物価変動による影響を差し引いたGDPの増加率のこと。物価変動を反映するものは名目GDP成長率と呼ぶ。

# CHAP 2 03 目標リターンを設定しリスクの高低を決める

リスクを知る

**Point**
- リスクが高い金融商品は、リターンも高くなる傾向がある
- 目標リターンの設定により、運用する金融商品の組み合わせが変わる

## リスクとリターンには正の相関がある

金融商品の特徴の1つに、リスクとリターンの関係が挙げられます。一般的にリスクの高いものはリターンが高くなり、リスクの低いものはリターンも低くなります。リスクとリターンには正の相関があるのです。

例えば預金。普通預金などは利息をあまり期待できません。一方、金融機関が破綻しても、預金保険によって決済用預金は全額、利息のつく普通預金や定期預金などは合算して元本1,000万円までと、その利息が保護されます。お金をたくさん増やすことはできない（＝リターンが低い）ものの、銀行が倒産しなければ減ることもない、倒産してもある程度保護されます（＝リスクが低い）。

株式はどうでしょうか。個別企業の株式に投資する場合、業績がよく、将来の見通しも明るければ株価は大幅に上昇することでしょう。しかし、業績が悪化し、将来も期待できないといった場合には、株価は暴落することでしょう。倒産となれば、最終的な株価は1円です。株式の場合にはリターンが高くなる可能性があるものの、リスクも高い（＝株価変動が大きい）のです。

## リターンから背負うリスクを考える

金融商品ごとにメリットとデメリットは異なります。代表的な金融商品を比較した場合、一般的には「預金＜債券＜投資信託＜個別企業の株式」の順でリスクとリターンは高くなります。

まずは目標リターン（収益率）を設定し、そこから運用の仕方を考えましょう。年1％の収益率で安全に運用するのか、あるいは年6％の利益を得るために挑戦するのか。目標リターンが低ければリスクの低い金融商品をメインに投資できますが、目標リターンが高ければリスクの高い金融商品をいかに組み入れていくかを検討する必要があるのです。

---

**預金保険と決済用預金** 預金保険とは金融機関が破綻した場合に預金を保護する保険制度。ただし、外貨預金など一部は保護対象外。決済用預金とは預金の全額が保護される、利息のつかない普通・当座預金のこと。

KEYWORD

## リスクとリターンには正の相関がある

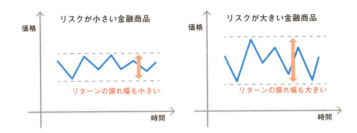

## 金融商品のメリットとデメリット

| | メリット | デメリット |
|---|---|---|
| 預貯金 | 銀行が倒産しても1,000万円と利息は保証される | 金利が低いためお金が増えにくい |
| 債券 | 保持しているだけでも利息を受け取ることができる | 発行元の経営状態が悪化すると利息も元本も受け取れない可能性がある |
| 投資信託 | 分散投資してくれるためリスクが減る | 元本の保証がないうえに手数料がかかる |
| 株式 | 配当金や株主優待といった利益も期待できる | 社会・経済情勢に影響され価格も変動しやすく、損をする可能性がある |

資産運用を始めるときには、各金融商品の特徴を知り、目標に合わせて商品を選びましょう

## 金融商品とリスク・リターンの関係

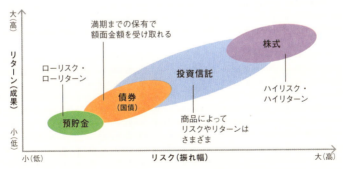

リスクとリターンには一定の関係がある。一般的に、預貯金はローリスク・ローリターン、株式はハイリスク・ハイリターンと呼ばれる。株式や投資信託の組み入れ比率によってリターンが変わるため、どの程度の配分にするかをしっかり検討する必要がある。

**株価は1円** 株式会社が倒産(破産)した場合は上場廃止となり、株価は1円またはそれに近い水準まで落ちる。株が売られ続けるため、最終的な株価が1円になる企業が多くなる。

# CHAP 2 04 資産・地域・時間 3つの分散を徹底する

リスクを分ける

**Point**
- 分散投資でリスクヘッジを図ることが大切
- 商品が値下がりしたら追加購入も検討する

## 分散投資すればどんなリスクにも対応できる

資産運用を行うにあたって、分散投資の考え方を身につける必要があります。分散投資とは、リスクとリターンの異なる金融商品を複数に分けて投資することで、リスクを軽減しながらリターンを高めていく投資手法です。「卵は1つのカゴに盛るな」という投資格言があります。これは、卵を複数のカゴに分けて盛っていれば、仮に1つのカゴがひっくり返って卵が割れたとしても、ほかのカゴの卵は無事である。つまり、1つの金融商品に投資するのではなく、複数に分けることで、何があっても対応できるようにするべきであるという先人の経験に基づく忠告で、現在でも有効です。

分散投資には、さまざまな手法があります。なかでも徹底したいのは、金融商品を分ける（資産分散）、地域分散、時間（時期）分散（P.44参照）の3つです。

## 投資配分、追加購入も検討を

まずは複数の金融商品に分けて運用するのが基本です。そのうえで、例えば「今年は米国経済が順調そうだ」「米国の利下げにより米ドル安円高へ触れる可能性があるものの、それ以上の株価上昇が期待できそうだ」という場合には、米国株式／株式投資信託の配分を増やすなど、金融商品だけでなく、その時々の情勢によって地域も含めた投資配分を検討します。

また、株価が大きく値下がりし、「今、追加で購入すると購入平均単価が下げられる」「今後の見通しを考慮しても下がりすぎている今がチャンスだ」と思える場合には、株の追加購入も検討します。このように、分散投資を実行しながら、時には投資配分を変える、時期を見て追加購入を検討するといったこともできるようになると、さらに運用成果の向上が見込めるでしょう。

---

**地域分散**　日本国内の金融商品だけを購入するのではなく、米国、ヨーロッパなど複数の地域に分けて投資することでリスクを軽減する方法。

KEYWORD

## 卵は1つのカゴに盛らない

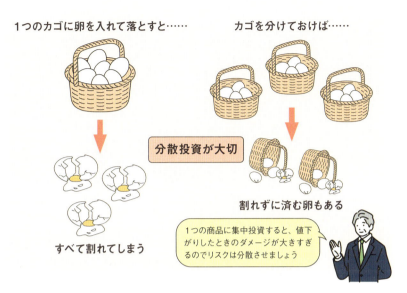

## 3つの分散

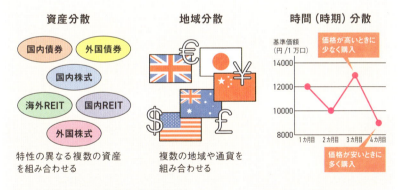

出典：金融庁「NISAを始める前に『投資の基本』」

分散投資には、資産分散、地域分散、時間（時期）分散のほか、業種分散などがある。株価が大きく下がったときは、思い切って追加購入していくことも検討を。ただし、不況に突入するといった場合には待つことも大切な要素となる。

---

**利下げ**　金融政策の対象とする政策金利を引き下げること。金融緩和とも言う。利下げは、その国の通貨安を促すほか、株高（上場株式の価格が総じて上がること）を引き起こす可能性がある。

KEYWORD

## CHAP 2 — 05 資産を分ける

# 金融商品を買うときは値動きが異なるものを選ぶ

> **Point**
> - 相関係数がマイナスとなる組み合わせは分散効果が高い
> - 日本株式と米国株式、世界株式には正の相関がある

## 値動きが異なれば、共倒れを防げる

分散投資は投資の基本ですが、資産を分散しさえすればなんでもよいのかというとそうではありません。相関係数がマイナスとなるものを組み合わせていくことが重要です。

「相関係数がマイナス」というのは、組み合わせた各資産が逆の動きをする（値動きが反対になる）可能性があることを意味します。0なら値動きは無関係、1に近いほど値動きは似ています。値動きが似ているものに分散投資しても、リスクは低減できません。

## 株式と債券、米ドル・円と先進国国債の組み合わせに注目

では、実際に相関係数がマイナスとなる組み合わせを確認してみましょう。

J.P.モルガンアセットマネジメントが公表する「Guide to the Markets」では、四半期ごとの公表時期によって、おもな資産クラスの相関係数を一覧表で提示しています。2023年9月末時点における直近10年の相関係数を確認すると、日本株式と日本国債、先進国国債、米国10年国債の組み合わせはいずれも相関係数がマイナスです。

一方、日本株式と米国株式、世界株式は相関係数が0.68、0.69となっており、正の相関（値動きが同じような動きをとっていること）が見てとれます。直近3年間で見ても0.70、0.73と高く、各国株式がそれぞれ大きな影響を与えている可能性が高いことがわかります。

つまり、株式と債券は一定程度分散投資する意味があるということです。ただし、直近3年では日本株式と日本国債、先進国国債の組み合わせはいずれも0.30となっています。その時々で相関が変わる点には注意が必要です。

また、米ドル・円（為替）と各資産は、直近3年、10年いずれもマイナスの相関となるケースが多くなっているので、分散投資の意味があると言えそうです。

---

**KEYWORD**
**相関係数** 2つの資産間の値動きの関連性を確認できるもの。プラス1からマイナス1までの間の数値をとる。

# 実際の金融商品の相関

直近10年間の相関係数（右上）／直近3年間の相関係数（左下）

| | 日本株式 | 米国株式 | 世界株式 | 新興国株式 | 米国ハイ・イールド債券 | 新興国国債(米ドル) | 新興国国債(現地通貨) | 米国REIT | J-REIT | 日本国債 | 先進国国債 | 米国10年国債 | 米ドル・円 |
|---|---|---|---|---|---|---|---|---|---|---|---|---|---|
| 日本株式 | 1.00 | 0.68 | 0.69 | 0.46 | 0.48 | 0.27 | 0.19 | 0.35 | 0.42 | -0.25 | -0.19 | -0.33 | 0.43 |
| 米国株式 | 0.70 | 1.00 | 0.97 | 0.69 | 0.79 | 0.64 | 0.46 | 0.74 | 0.51 | 0.10 | 0.33 | 0.02 | 0.00 |
| 世界株式 | 0.73 | 0.98 | 1.00 | 0.81 | 0.83 | 0.71 | 0.58 | 0.73 | 0.50 | 0.06 | 0.40 | 0.02 | -0.09 |
| 新興国株式 | 0.51 | 0.63 | 0.76 | 1.00 | 0.70 | 0.72 | 0.75 | 0.54 | 0.31 | 0.02 | 0.48 | 0.06 | -0.30 |
| 米国ハイ・イールド債券 | 0.64 | 0.85 | 0.87 | 0.62 | 1.00 | 0.81 | 0.61 | 0.69 | 0.48 | 0.21 | 0.45 | 0.11 | -0.23 |
| 新興国国債(米ドル) | 0.51 | 0.79 | 0.85 | 0.81 | 0.81 | 1.00 | 0.73 | 0.66 | 0.43 | 0.32 | 0.66 | 0.37 | -0.43 |
| 新興国国債(現地通貨) | 0.33 | 0.58 | 0.70 | 0.80 | 0.62 | 0.84 | 1.00 | 0.42 | 0.31 | 0.14 | 0.54 | 0.11 | -0.41 |
| 米国REIT | 0.59 | 0.90 | 0.89 | 0.60 | 0.75 | 0.71 | 0.53 | 1.00 | 0.54 | 0.30 | 0.43 | 0.31 | -0.14 |
| J-REIT | 0.52 | 0.53 | 0.50 | 0.23 | 0.37 | 0.30 | 0.13 | 0.55 | 1.00 | 0.23 | 0.06 | -0.10 | 0.12 |
| 日本国債 | 0.30 | 0.42 | 0.35 | 0.05 | 0.35 | 0.29 | 0.09 | 0.32 | 0.24 | 1.00 | 0.47 | 0.48 | -0.28 |
| 先進国国債 | 0.30 | 0.68 | 0.73 | 0.70 | 0.73 | 0.84 | 0.81 | 0.69 | 0.05 | 0.31 | 1.00 | 0.75 | -0.79 |
| 米国10年国債 | 0.18 | 0.56 | 0.58 | 0.51 | 0.59 | 0.71 | 0.62 | 0.51 | 0.01 | 0.38 | 0.91 | 1.00 | -0.58 |
| 米ドル・円 | 0.04 | -0.31 | -0.41 | -0.59 | -0.50 | -0.67 | -0.71 | -0.24 | 0.21 | 0.03 | -0.81 | -0.71 | 1.00 |

出典：J.P.モルガンアセットマネジメント「Guide to the Markets」(2023年9月末)

その時々の状況にもよりますが、米ドル・円(為替)と各資産の間では相関係数がマイナスとなっていることが多いため、分散投資の一環として役立てるとよいでしょう。一方、日本株式と米国株式、世界株式は相関係数が高く、値動きが似てきています。世界は1つになってきているのかもしれません

**値動き** 相場が変動すること。値動きの異なる資産を組み合わせて保有しておくと、値下がりする一方で値上がりする資産もあるため損失を抑えられる。

KEYWORD

# 時間分散を活かすなら積立投資が有効

CHAP 2 / 06 / 時間を分ける

> **Point**
> - 積立投資は時間分散の効果を体感できる投資方法
> - ただし最終的に株価が上昇することが大前提

## 投資のタイミングをずらして買値をならす

時間分散とは、投資のタイミングを分散させることです。何度かに分けて投資することで買値を平均化し、高値づかみを避けられます。よい例が積立投資です。一定期間、一定額を積み立てるためリスクを分散できます。本項では、実際に積立投資を行った結果を見ながら、その有効性を見ていきます。

1989年12月の日経平均株価終値から、毎月1万円ずつ月末の終値で積立投資を行った場合を考えます。バブル崩壊で日経平均株価が下がり続ける状況のため、当然ながらマイナスが続きます。しかし、株価が安いときには株を多く買えるため、継続購入すると1996年1月には元本74万円に対して749,230円ほどになり、プラスへと浮上します。その後、ITバブル崩壊を経て、大幅に下落しますが、2005年12月には元本193万円に対して202万5,569円と再びプラスに浮上します。リーマンショックにも負けずに継続して買い続けた人は、2013年のアベノミクス以降の株高により、継続して元本よりも増え続けます。もし、2024年2月末まで積立投資を行った場合、元本は411万円となり、投資結果は1,043万9,343円です。約2.5倍へとふくらんだのです。34年ほどかけて積立投資を行った成果です。

## 積立投資はバブル崩壊後でも有効だった

注目したいのが、バブル崩壊の天井から買い続けた場合でも、これだけの結果となっていることです。これまでも危機やバブルはありましたが、それを乗り越えて経済は成長しています。経済成長を遂げ、評価される国に投資できれば、積立投資による効果は大いに発揮できるということです。なお、積立投資は、下落傾向にある場合には期待できないので注意してください。

---

**高値づかみ** 相場の上昇時に高値で買ってしまうこと。

KEYWORD

## 毎月1万円投資した積立投資の効果

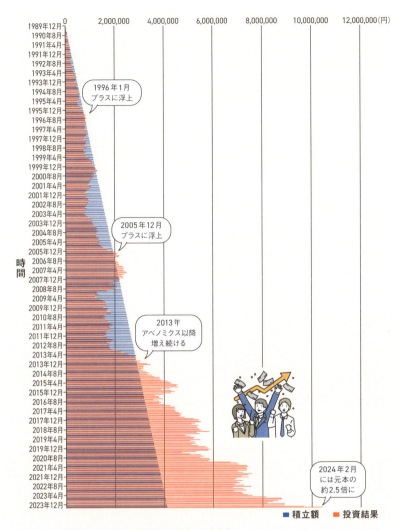

出典：ヤフーファイナンス「日経平均株価 時系列データ」より筆者作成

411万円の投資総額に対して1,043万9,343円という結果に（2024年2月時点）。継続は力なり、最終的に株価が上昇すれば積立投資は威力を発揮することがわかる投資事例。

**アベノミクス**　大胆な金融政策、機動的な財政政策、民間投資を喚起する成長戦略という第2次安倍内閣が掲げた経済政策。

CHAP 2
## 07 無計画な投資は失敗のもと 投資額から収益をイメージ

投資は計画的に

> Point
> ● 資産運用シミュレーションをもとに可能な積立投資法を検討する
> ● 3つのパターンを試算し、無理のない計画を立ててみる

### シミュレーションサイトを活用する

前項で積立投資による時間分散の有効性についておわかりいただけたでしょうか。本項では、これから積立投資を始めた場合に、得られるリターンを試算する方法を紹介します。具体的なイメージを持って計画的に投資をすることは、確実に資産を増やすために欠かせない考え方の1つです。

### 計画を立てれば、選ぶ金融商品も見えてくる

金融庁「資産運用シミュレーション」では、積立投資を行った場合の結果を、①運用収益は将来いくらになりそうか、②毎月いくら積み立てればよいか、③目標金額に対して運用を行った場合、何年間で積立が完成するか、という3つのパターンで試算できます。

例えば将来の運用収益をシミュレーションした場合。毎月の積立金額を3万円、想定利回り（目標リターン）を年率3％、積立期間を20年で設定すると、右図のような結果になります。投資元本は20年で720万円、投資結果は985万円、投資収益は265万円です。想定利回りを年率3％としたのは、昨今の世界の経済成長が平均して年3％以上だからです。経済成長率以上に株価上昇率は高くなる傾向にあるため（P.36参照）、さらに増やせる可能性もあります。720万円をまとめて投資するのは難しいですが、毎月数万円を積み立てていくことは、現実的な目標として設定できます。

「何年間積み立てる？」なら、毎月投資可能な金額と利回り、目標額を記入すれば、必要な投資期間がわかります。仮に毎月の積立金額を3万円、想定利回りを年率3％、目標金額を2,000万円とすると、32年9カ月で達成できます。20代や30代で、毎月3万円を投資できる人は、こうして年金とは別に老後資金を築くことができるのです。

---

**積立投資** NISA、iDeCo、株式累積投資（毎月一定の金額で株式を買い続ける株式投資）、投資信託などがある。積立投資とは反対に、まとまったお金を一度に投資することを「一括投資」と呼ぶ。

KEYWORD

## 実際にシミュレーションしてみよう

ココからアクセス

出典：金融庁「つみたてシミュレーター」
https://www.fsa.go.jp/policy/nisa2/tsumitate-simulator/.

①シミュレーションしたいものをタップ

②条件を入力

利回りは、できるだけリスクを抑えて堅実に運用する場合は1％、少しリスクがあっても資産を増やしたい場合は3％程度で考えましょう。利回りが大きくなるとリスクも必然的に大きくなります

## 3万円を想定利回り年率3％、20年間積み立てた場合

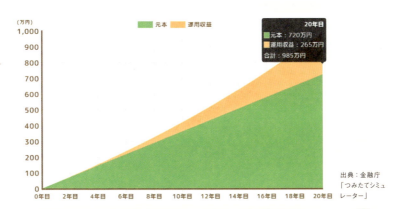

20年目
元本：720万円
運用収益：265万円
合計：985万円

出典：金融庁「つみたてシミュレーター」

シミュレーションを活用して自分に合った想定プランを見つけましょう。毎月3万円の投資、3％の利回り、20年間の積立で目標額を達成できそうなら利回り3％の金融商品を、もっと増やしたいと思うなら利回り5％の金融商品を買うなど、プランに合わせた金融商品選びができるようになります

**利回り** 投資金額に対する収益の割合のこと。利息のほか、商品を売った際に得られる売却損益も含まれる。一般的には「年利回り」のことを指すことが多い。

KEYWORD

# CHAP 2
## 08 景気動向指数と日銀短観で国内景気動向を予測

国内の経済指標

**Point**
- 景気動向指数CIの一致指数が100より上昇しているかを見る
- 日銀短観をもとに企業の想定為替レートと業種ごとの状況を把握

### 一致指数が100より高ければ景気は拡大局面にある

資産運用を行ううえで経済指標のチェックは欠かせません。株などの資産価格は、経済指標の数値によって変動することがあるからです。全体の景況感を把握したい場合は、景気動向指数を確認します。景気動向指数は、景気全体の現状のほか、将来動向を予測するときに利用できる経済指標です。先行指数、一致指数、遅行指数があり、なかでも先行指数は、先行き6カ月程度の状況を垣間見ることができます。日経平均株価などの株価指数も景気をうらなう鏡として活用されますが、景気動向指数も確認することで、今後の動きを予測しやすくなります。

一般的に、景気動向指数CIの一致指数が100より上昇している場合には、景気は拡大局面に、100より低下している場合には後退局面にあるとされます。加えて先行指数が右肩上がりであるかどうかも確認すると、先行きの良し悪しがわかるようになるでしょう。

### 日銀短観で各業種の業況をチェック

各業界の状況を把握したい場合には、日銀短観(全国企業短期経済観測調査)を確認します。調査結果は年4回公表され、大手、中堅、中小企業の各状況、業種ごとの状況(業況判断)を把握できます。基本的に最近および先行きの結果が過去の調査よりもよくなっていれば業況はよくなる可能性があります。

また、日銀短観では事業計画の前提となっている想定為替レート(異なる通貨の売買比率)も確認できます。企業がどの程度の為替レートを想定しているかを把握でき、想定よりも円安の場合には(海外輸出を行う)製造業を中心に収益がふくらむ可能性を予測できます。景気動向指数と日銀短観の調査結果を今後の見通しに活かせると、資産運用の幅が広がります。

---

**一致指数**と**遅行指数** 一致指数は景気とほぼ一致して動き、景気の現状把握に活用される。遅行指数は景気よりも遅れて動き、景気の転換点の確認に利用される。

KEYWORD

## 景気動向指数（CI）の読み方

### ● 先行指数

景気に先行して動き、先行きを予測するために使う指標

（令和2（2020）年＝100）

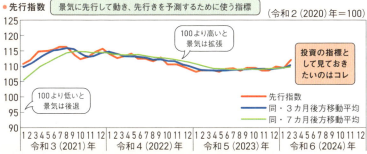

- 100より高いと景気は拡張
- 100より低いと景気は後退
- 投資の指標として見ておきたいのはコレ
- 先行指数
- 同・3カ月後方移動平均
- 同・7カ月後方移動平均

グラフは景気動向指数CIの場合です。DIの場合は
・一致指数が50％以上なら景気は上向き
・一致指数が50％以下なら景気は下向き
と判断します

## 日銀短観の読み方

業況判断は、景気状況に対するアンケート回答のうち、「よい」から「悪い」の割合を引いた数字です。数字がマイナスなら「景気は悪い」、プラスなら「景気はよい」と読みます

### ● 業況判断

| | 大企業 | | | | | | |
|---|---|---|---|---|---|---|---|
| | 2023年9月調査 | | 2023年12月調査 | | | | |
| | 最近 | 先行き | 最近 | | 先行き | | |
| | | | | 変化幅 | | 変化幅 | |
| 製造業 | 9 | 10 | 12 | 3 | 8 | -4 | |
| 繊維 | 3 | 9 | 3 | 0 | 18 | 15 | |
| 木材・木製品 | 14 | -13 | 6 | -8 | -13 | -19 | |
| 紙・パルプ | 0 | -3 | 3 | 3 | -7 | -10 | |
| 化学 | 3 | 6 | 2 | -1 | 0 | -2 | |
| 石油・石炭製品 | 14 | 27 | 14 | 0 | 13 | -1 | |
| 窯業・土石製品 | 16 | 24 | 21 | 5 | 18 | -3 | |
| 鉄鋼 | 18 | 16 | 23 | 5 | 5 | -18 | |
| 非鉄金属 | -3 | 8 | 12 | 15 | 6 | -6 | |
| 食料品 | 16 | 8 | 17 | 1 | 6 | -11 | |
| 金属製品 | -17 | -5 | 0 | 17 | 0 | 0 | |
| はん用機械 | 11 | 18 | 21 | 10 | 16 | -5 | |
| 生産用機械 | 14 | 19 | 15 | 1 | 8 | -7 | |
| 業務用機械 | 30 | 25 | 28 | -2 | 25 | -3 | |
| 電気機械 | -2 | 6 | 4 | 6 | 4 | 0 | |
| 造船・重機等 | 8 | 7 | 4 | -4 | 3 | -1 | |
| 自動車 | 15 | 11 | 28 | 13 | 17 | -11 | |

「最近」よりも「先行き」の値が小さい場合、「景気は後退していく」と考える企業が多いことになる

2023年12月調査では、2023年9月調査よりも自動車の値が大きくなっている。そのため、自動車の業況が大幅によくなり、自動車業界の株価が期待できそうだと読める

### ● 想定為替レートの例（全規模・全産業）

| | | 2022年度 | 2023年度 | | | | |
|---|---|---|---|---|---|---|---|
| | | | 上期 | 下期 | 上期 | 下期 | |
| 米ドル円（円/ドル） | 2023年6月調査 | 131.19 | 129.60 | 132.79 | 132.43 | 132.60 | 132.27 |
| | 2023年9月調査 | — | — | — | 135.75 | 135.62 | 135.88 |
| | 2023年12月調査 | — | — | — | 139.35 | 138.73 | 139.97 |
| ユーロ円（円/ユーロ） | 2023年6月調査 | 138.21 | 136.53 | 139.89 | 140.11 | 140.28 | 139.95 |
| | 2023年9月調査 | — | — | — | 144.62 | 144.58 | 144.66 |
| | 2023年9月調査 | — | — | — | 148.80 | 148.57 | 149.03 |

出典：日本銀行「第199回 全国企業短期経済観測調査（2023年12月）」一部抜粋」

2023年12月調査では、2023年度の想定為替レートは1ドル＝139.35円となっている。これより円安に振れれば（ドルが高くなれば）、製造業を中心とした企業収益は想定以上になる可能性があると推測できる

---

**景気動向指数** 景気動向指数にはCI（コンポジット・インデックス）とDI（ディフュージョン・インデックス）がある。CIは景気変動の大きさを確認でき、DIは景気変動の方向性を確認できる。

KEYWORD

# 雇用統計とISM製造業景況指数で米国景気動向を予測

CHAP 2
09
米国の経済指標

> Point
> - 非農業部門雇用者数が予想数値よりもよいかどうかを見る
> - ISM製造業景況指数が上向きか、50を超えそうかを確認

## 雇用者数が増え、失業率が下がれば景気は上向き

　世界経済に大きな影響を与えるものの1つが米国の経済指標です。特に米国雇用統計やISM製造業景況指数は、為替や株価に影響を与える経済指標。毎月の動向を確認し、大局的な為替や株価の動きをとらえる指標として利用します。

　米国雇用統計のなかで最も注目される指標は、農業部門以外で働く就業者の数を示した非農業部門雇用者数と失業率です。雇用者数の増減による失業率の変化を受けて、為替などが敏感に反応します。この2つの指標は毎月第1金曜日に公表されます。非農業部門雇用者数と失業率は、FOMC（米連邦公開市場委員会）の金融政策決定にも大きな影響を与えるといわれています。雇用者数が毎月継続して増加し、失業率が低下している場合には景気は上向いており、状況次第では利上げを行う理由になるのではないかと推測されます。こうした推測がなされれば、ドル高（円安）へと動くことがあるのです。

## ISM製造業景況指数が50を超えると景気は拡大

　ISM製造業景況指数は、米国の製造業約350社の購買担当役員にアンケート調査を実施し、今後の景況感をうらなう指標として利用されるものです。米国の主要な経済指標のなかでも、最も早い翌月第1営業日に発表されることから、注目される経済指標となっています。

　ISM製造業景況指数では50を超えると景気拡大、50を下回ると景気後退、好況と不況の分岐点を50と考えます。雇用統計よりも早く発表されるため、ISM製造業景況指数における雇用部門の数字は雇用統計の先行指標としても注目されます。ISM製造業景況指数が上向きまたは50を超えそうな場合には、米国の製造業の株価上昇が期待されます。

　これらを活用し、為替や米国株式に投資するタイミングを見定めましょう。

---

FOMC（米連邦公開市場委員会）　米国の金融政策を決定するための最高意思決定機関のこと。FOMCの会合は、約6週間ごとに年8回開催される。

KEYWORD

## 米国雇用統計結果（非農業部門雇用者数と失業率）

非農業部門雇用者数は、予想を上回るケースが多くなっています。米国経済の力強さを示しており、こうした結果が米国株価や為替(米ドル)の変動をもたらすことにつながっています

| データ期間 | 非農業部門雇用者数・前月比 | | | 失業率 | | |
|---|---|---|---|---|---|---|
| | 予想 | 結果 | 前回改定値 | 予想 | 結果 | 前回改定値 |
| 2024年05月 | 19.0万人 | 27.2万人 | 16.5万人 | 3.9% | 4.0% | ― |
| 2024年04月 | 24.0万人 | 17.5万人 | 31.5万人 | 3.8% | 3.9% | ― |
| 2024年03月 | 20.1万人 | 30.3万人 | 27.0万人 | 3.9% | 3.8% | ― |
| 2024年02月 | 20.0万人 | 27.5万人 | 22.9万人 | 3.7% | 3.9% | ― |
| 2024年01月 | 18.0万人 | 35.3万人 | 33.3万人 | 3.8% | 3.7% | ― |
| 2023年12月 | 16.8万人 | 21.6万人 | 17.3万人 | 3.8% | 3.7% | ― |
| 2023年11月 | 18.3万人 | 19.9万人 | ― | 3.9% | 3.7% | ― |
| 2023年10月 | 19.0万人 | 15.0万人 | 29.7万人 | 3.8% | 3.9% | ― |
| 2023年09月 | 16.6万人 | 33.6万人 | 22.7万人 | 3.7% | 3.8% | ― |
| 2023年08月 | 16.5万人 | 18.7万人 | 15.7万人 | 3.6% | 3.8% | ― |
| 2023年07月 | 19.9万人 | 18.7万人 | 18.5万人 | 3.6% | 3.5% | ― |
| 2023年06月 | 22.9万人 | 20.9万人 | 30.6万人 | 3.6% | 3.6% | ― |

予想を上回ることが多い

ココからアクセス

雇用者数が増え、失業率が下がると景気が上向いていると考える

出典：MINKABU「アメリカ・雇用統計03月」 https://fx.minkabu.jp/indicators/US-NFP

## ISM製造業景況指数の予想と結果

| データ期間 | ISM製造業景気指数 | | |
|---|---|---|---|
| | 予想 | 結果 | 前回改定値 |
| 2024年06月 | 49.0 | 48.5 | ― |
| 2024年05月 | 49.7 | 48.7 | ― |
| 2024年04月 | 50.1 | 49.2 | ― |
| 2024年03月 | 48.3 | 50.3 | ― |
| 2024年02月 | 49.4 | 47.8 | ― |
| 2024年01月 | 47.0 | 49.1 | 47.1 |
| 2023年12月 | 47.2 | 47.4 | ― |
| 2023年11月 | 47.6 | 46.7 | ― |
| 2023年10月 | 49.0 | 46.7 | ― |
| 2023年09月 | 47.7 | 49.0 | ― |
| 2023年08月 | 47.1 | 47.6 | ― |
| 2023年07月 | 46.8 | 46.4 | ― |

ISM製造業景況指数は2022年11月に50を下回り、それ以降、厳しい状況が続いてきました。ですが、2024年3月に結果が50.3となり、好況と不況の分岐点である50を超えました。ただし、4月以降は再び50を下回っているため、まだまだ楽観視はできない状況です

ココからアクセス

50以上：景気は上向き
50：景気の分岐点
50以下：景気後退
と考える

出典：MINKABU「アメリカ・ISM製造業景気指数 03月」 https://fx.minkabu.jp/indicators/US-NAPM

**利上げ** 中央銀行が政策金利を引き上げること。景気上昇による市場の過熱を抑制するために実行される（※利下げ→P.41参照）。

KEYWORD

## CHAP 2
## 10 「世界経済見通し」をもとに各国の状況を把握する

各指標を比較

> **Point**
> - まず確認すべきはIMF「世界経済見通し」
> - 次に確認すべきは経済協力開発機構（OECD）、世界銀行が公表する見通し

### 経済成長率だけでなく、悲観的なシナリオも推測しておく

世界経済の状況を把握したいときに活用できるのがIMF「世界経済見通し」です。4月と10月（改訂版は7月や1月）に公表され、全世界・各国の経済成長率の見通しのほか、現状や、IMF（国際通貨基金）が考える今後の見通しを日本語で確認することができます。

また、見通しに対するリスクなども示されており、悲観的に見た場合のシナリオも推測可能です。

ただ、世界では戦争や災害など想定外のことが起こることもあるうえに、見通し通りに経済が変化するとも限りません。あくまで見通しであることを念頭に置きつつ、基本シナリオに基づく経済成長率を確認しておきましょう。

### 過去のデータと予測値を比較する

確認する点は、前回の公表数値よりも高くなっているかどうかです。

📍2024年1月に公表された「世界経済見通し改訂版」では、全世界の経済成長率が2024年予測で+3.1％と2023年10月公表の時と比較すると+0.2％上昇しています。この理由として、世界的なインフレが2024年以降に鈍化していき、世界経済が安定成長へと道が開けたことを指摘しています。特に米国の経済成長率予測が2024年は+2.1％となっており、2023年10月時点よりも+0.6％も上昇しています。こうした場合、例えば米国株の資産配分を増やすといった行動をとることができます。

このほか、世界経済の見通しを公表する機関には経済協力開発機構（OECD）、世界銀行などがあります。こちらも確認し、見通しがおおよそ一致するのであればそれを信用しつつ、資産運用に活かすようにしましょう。

世界または各国の見通しが明るいならば、世界または各国における株式市場は今後も良好であると推測できます。

---

**IMF（国際通貨基金）** 加盟国の為替政策の監視や国際貿易の促進、高水準の雇用と国民所得の増大などを目的とする国際機関。

KEYWORD

## IMF「世界経済見通し」の確認ポイント

| | 推計 | | 予測 | | 2023年10月WEO見通しとの比較（注1） | |
|---|---|---|---|---|---|---|
| | 2022 | 2023 | 2024 | 2025 | 2024 | 2025 |
| 世界GDP | 3.5 | 3.1 | 3.1 | 3.2 | 0.2 | 0.0 |
| 先進国地域 | 2.6 | 1.6 | 1.5 | 1.8 | 0.1 | 0.0 |
| 米国 | 1.9 | 2.5 | 2.1 | 1.7 | 0.6 | −0.1 |
| ユーロ圏 | 3.4 | 0.5 | 0.9 | 1.7 | −0.3 | −0.1 |
| 　ドイツ | 1.8 | −0.3 | 0.5 | 1.6 | −0.4 | −0.4 |
| 　フランス | 2.5 | 0.8 | 1.0 | 1.7 | −0.3 | −0.1 |
| 　イタリア | 3.7 | 0.7 | 0.7 | 1.1 | 0.0 | 0.1 |
| 　スペイン | 5.8 | 2.4 | 1.5 | 2.1 | −0.2 | 0.0 |
| 日本 | 1.0 | 1.9 | 0.9 | 0.8 | −0.1 | 0.2 |
| イギリス | 4.3 | 0.5 | 0.6 | 1.6 | 0.0 | −0.4 |
| カナダ | 3.8 | 1.1 | 1.4 | 2.3 | −0.2 | −0.1 |
| 他の先進国地域（注2） | 2.7 | 1.7 | 2.1 | 2.5 | −0.1 | 0.2 |
| 新興市場国と発展途上国 | 4.1 | 4.1 | 4.1 | 4.2 | 0.1 | 0.1 |
| アジアの新興市場国と発展途上国 | 4.5 | 5.4 | 5.2 | 4.8 | 0.4 | −0.1 |
| 　中国 | 3.0 | 5.2 | 4.6 | 4.1 | 0.4 | 0.0 |
| 　インド（注3） | 7.2 | 6.7 | 6.5 | 6.5 | 0.2 | 0.2 |

注1：変化分は2023年10月WEO予測と2024年1月の予測の差で、端数は四捨五入している
注2：G7(カナダ・フランス・ドイツ・イタリア・日本・イギリス・アメリカ)とユーロ圏を除く
注3：データと予測数値は財政年度ベース
出典：IMF「世界経済見通し改訂版 2024年1月」

- 世界経済は年3%以上で継続して成長する見込みであると推測されている
- 2024年予測では、先進国のうち米国の成長率が高く、引き続き順調
- インバウンド需要の期待のあるスペインや日本も悪くなさそう

あくまで見通しのため、この数字通りに経済が動くわけではありません。ですが、景気が上向きの国の金融商品に投資するといった形で、投資先の配分を考えることなどができるようになります

## OECD「経済見通し」2024年と2025年のGDP予測成長率

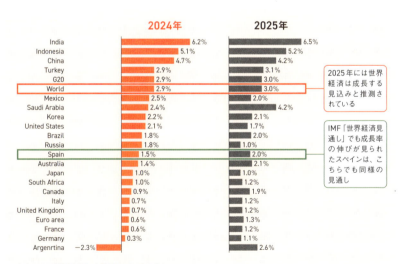

| | 2024年 | 2025年 |
|---|---|---|
| India | 6.2% | 6.5% |
| Indonesia | 5.1% | 5.2% |
| China | 4.7% | 4.2% |
| Turkey | 2.9% | 3.1% |
| G20 | 2.9% | 3.0% |
| World | 2.9% | 3.0% |
| Mexico | 2.5% | 2.0% |
| Saudi Arabia | 2.4% | 4.2% |
| Korea | 2.2% | 2.1% |
| United States | 2.1% | 1.7% |
| Brazil | 1.8% | 2.0% |
| Russia | 1.8% | 1.0% |
| Spain | 1.5% | 2.0% |
| Australia | 1.4% | 2.1% |
| Japan | 1.0% | 1.0% |
| South Africa | 1.0% | 1.2% |
| Canada | 0.9% | 1.9% |
| Italy | 0.7% | 1.2% |
| United Kingdom | 0.7% | 1.2% |
| Euro area | 0.6% | 1.3% |
| France | 0.6% | 1.2% |
| Germany | 0.3% | 1.1% |
| Argentina | −2.3% | 2.6% |

出典：OECD「経済見通し中間報告 2024年2月」

- 2025年には世界経済は成長する見込みと推測されている
- IMF「世界経済見通し」でも成長率の伸びが見られたスペインは、こちらでも同様の見通し

**経済協力開発機構（OECD）**　先進国間の意見・情報交換を通じ、経済成長、貿易自由化、途上国支援への貢献を目的とする国際機関。

CHAP 2

# 11 インフレ対策としての資産運用の考え方

現物か価値か

> **Point**
> - お金を増やすなら株式や不動産、コモディティに投資
> - 実質的な価値を保つなら物価連動国債ファンドを活用

## お金を増やすのか、モノの価値を保つのか

日本でも物価が継続的に上昇するインフレの時代が戻ってきました。インフレによってモノの値段が上がると、実質的な現金の価値は下がります。例えば、1個100円のパンが200円になったとします。手元に1,000円あるとすると、購入できるパンの数は10個から5個へと減ることになります。そのため、今後もインフレが続くと仮定した場合、少なくともそのインフレぶんと同等にお金を増やしていかなければ保有する資産額は目減りすることになります。

インフレ状況下での投資の考え方は2つあります。1つは、お金をインフレぶん以上に増やすこと。もう1つは、インフレぶん程度の上昇により実質的な価値を保つこと。どちらを軸とするのかによって投資する商品も変わります。

## インフレ対策には、株式、不動産、コモディティが有効

では、インフレ対策として有効な資産運用にはどのようなものがあるのでしょうか。

一般的にインフレ対策に有効な資産運用には、株式、不動産、貴金属などのコモディティが挙げられます。インフレによりモノの価格が上昇し、企業の売上にもインフレぶんが考慮される(売上が上がる)と、株価も上がるでしょう。不動産やコモディティは実物資産として物価上昇による価格上昇が期待できます。もちろん、インフレの視点だけで価格が変動するわけではないので、実際には景気の状況など幅広い視点から資産運用で取り入れるべき金融商品を複数組み合わせましょう。

できるだけ損失を回避して実質的な資産額を維持したいという場合には、物価連動国債ファンドでインフレ対策を行うといった方法もあります。物価連動国債は利子と元本が物価動向に合わせて変動します。

---

**コモディティ** 原油・天然ガスなどのエネルギー、金などの貴金属、大豆などの農産物等、商品を総称して示すもの(P.138参照)。

KEYWORD

## 💴 インフレに強い資産・弱い資産

### ●インフレに強い資産例

**株式**

商品やサービス価格上昇により企業の収益も上昇し**株価も上昇する**

**不動産**

物価上昇により土地や**建物の価格も上昇**する可能性がある

> 注意！
> 金利も上昇する場合には住宅ローン金利などに影響し、不動産市況に悪影響を与える場合がある

**コモディティ**

物価上昇により、**商品価格も上昇**する傾向にある

**物価連動国債ファンド**

物価上昇により、**基準価額も上昇**する可能性がある

**変額年金保険、変額保険**

保険料を投資信託などで運用すれば**運用益が増えて物価上昇に対応できる**可能性がある

### ●インフレに弱い資産例

**手元にある現金**

**物価上昇したぶんだけ**実質的に目減りする

**預貯金**

金利が低い場合**物価上昇分＞受け取る利息**となり実質的に目減りする

**定額保険や個人年金保険**

**保険金額や年金額が契約時に確定している場合**、実質的に受け取れる金額が目減りする恐れがある

> インフレに強いとされる資産を複数保有し、インフレ対策を行っていきましょう

---

**KEYWORD**

**物価連動国債ファンド**　物価連動国債に投資する投資信託。個人は物価連動国債に直接投資できないため、その代用として活用する。

## CHAP 2
### 12 自分に合った資産運用ルールを作る

無計画はリスク

> **Point**
> - 目標を決め、それに沿って運用できるように計画する
> - 大枠を決めたら、金融商品の特徴を理解し、資産配分へ活かしていく

### オリジナルの資産運用ルールを作る

CHAP.1では資産運用を始める前のお金の貯め方、CHAP.2では金融商品を選ぶ際に知っておきたい指標や資産運用の考え方をお伝えしてきました。

ここまでの内容を踏まえて考えたいのが、「自分なりの資産運用ルールを作ること」です。

積立投資にせよ、一括投資（P.46参照）にせよ、目標を決め、それに沿って運用を行っていく必要があります。そして、目標金額に到達したら売却し、確実に自分の資産にしていきましょう。そのためには毎月積み立てる金額や一括投資できる金額、想定される利回り（P.47参照）などを決めていかなければなりません。ある程度、投資額や利回りが決まったら、株式や投資信託などの資産配分を考えます。ここまで決まれば、ようやく資産運用のスタートです。

### 投資初心者ほど中長期投資を前提とする

計画を立てずに、「まとまったお金が入ったから投資しておくか」といった形で、その場の状況に合わせて投資することもできます。しかしながら、計画的にコツコツ運用している人のほうが、これまでの日経平均株価やニューヨークダウ、金価格、不動産価格などを見る限り、うまくいっているケースが多いと感じます。短期売買でもかまいませんが、投資初心者ほど中長期投資のほうが資産形成できる可能性は高いのです。この点は積立投資の効果で理解いただけたでしょう。

CHAP.3以降では、投資初心者の人におすすめの金融商品の説明を行っていきます。それぞれの特徴を理解し、想定利回りをもとに配分を決めましょう。配分の考え方や、配分決定後の見直しについてはCHAP.9で解説していきます。

---

**日経平均株価** 日本を代表する225社の株価をもとに算出された平均株価。海外ではNikkei225と表記されることもある。

KEYWORD

## 資産運用ルールの決め方

**STEP1** ● お金を貯める習慣を身につける

- 一生にかかるお金の総額を知る　⇒P.16参照
- 老後に必要なお金の総額を知る　⇒P.20参照
- お金を貯められる時期を知る　⇒P.22参照

**STEP2** ● 資産運用を行うための資金作りを行う

- 積立預金口座を開く　⇒P.24参照
- 家計の無駄を洗い出す　⇒P.26参照

 ● 一括投資の場合には、まとまった投資金額を用意する

**STEP3** ● 老後資金作りなど、自分のための積立投資ルールを決める

- 投資金額はいくらにするのか
- 投資期間は何年間で考えるのか
- 想定利回りは年率何％とするのか
- 最終的な目標金額をいくらにするのか　⇒P.46参照

**3つのステップをクリアしたら資産運用スタート**

（ここからどうする？）

- 各金融商品の特徴を理解し、どの金融商品をもとに運用するのかを決める
- 複数の目的に分けて運用を行っていく
- 損失が発生した場合に、追加投資を行うのか、損切り（P.160参照）するのかを決める
- 早期に目標金額に到達した場合、売却するのか運用を続けるのかを決める

（CHAP.3以降で詳しくお伝えします）

**ニューヨークダウ**　米国を代表する株価指数。ニューヨーク証券取引所等に上場している主要30銘柄をもとに算出される。

COLUMN 2
# 金融商品の特性から預金・債券・株式・投信を考える

### 収益性、安全性、流動性を知る

　株式などの金融商品には、収益性、安全性、流動性という3つの特性があります。収益性とは、金融商品で運用することによってどの程度利益を期待できるかを示すものです。銀行に預金するよりも投資信託や株式投資を行ったほうが大きな利益を期待できます。その反面、市場動向や企業の状況によっては投資信託の基準価額や株価は大きく変動する可能性があります。

　安全性とは、金融商品を購入・投資する際に、用意するお金（元本、元金）が減らないかどうかというものです。銀行に預金した場合、銀行が経営破綻しない限りは元本が減ることはありません（銀行が経営破綻した場合には、預金保険の対象となっていれば元本1,000万円までとその利息が保護されます）。一方、投資信託や株式は運用次第では損失が発生する恐れがあります。株式に関しては企業が経営破綻すれば紙くずになる可能性もあります。

　流動性とは、必要なときに現金化できるかどうかというものです。普通預金はATMから簡単にお金を引き出すことができます。しかしながら、投資信託や株式は売却ができたとしてもそこから数日間は現金化できません。また、株式に関しては、市場の変動により売却したくてもすぐに売却できないといったことも考えられます。

### 3つの特性
### すべてが完璧な金融商品はない

　ここから言えることは、収益性が高く、安全性と流動性が高い金融商品はないということ。何かしらメリットとデメリットが混在しているのです。そのため、増やす、守るの両方の観点をもとにどの金融商品を軸にするのか、配分をどうするかを考えていく必要があります。預金ばかりでは増えず、かといって投資信託と株式ばかりでは何かあった場合に損失が大きくふくらむ可能性があります。

　一般論として、収益性という視点からは、預金＜投資信託＜株式、安全性という視点からは株式＜投資信託＜預金、流動性という視点からは、投資信託≦株式＜預金といった順になります。

　どのような資産形成、資産配分をしたいのか、最初に検討したうえで運用に臨んでいただければと思います。

CHAP

# 3

# 株式投資の考え方、銘柄の選び方

本章では、株式銘柄を探す方法や情報の入手法について解説します。買いたい銘柄とはどんなものなのか、業績の伸びている企業はどう見分けるのか、投資バイブルでもある会社四季報の見方とともにお伝えします。

CHAP 3

## 01 株式のしくみ

# 株式は資金調達手段の1つ 出資者は配当や売却益を得る

> **Point**
> - 株式会社が資金を調達する手段として株式を発行する
> - 株主は出資者であり、見返りに配当などを受け取ることができる

## 株式は返済義務のない資金調達手段

株式は、株式会社が事業を行うにあたって必要となる資金を集めるために発行するものです。お金を出す人は株主と呼ばれ、企業に出資する代わりに株式を受け取ります。

この資金確保の方法が銀行借り入れと異なるのは、お金を返す必要があるかないかという点です。銀行借り入れは、あくまで借金です。期限がきたら借りたお金に利子をつけて返済しなければなりません。しかしながら、株式の場合には返済義務はなく、出資した株主は「出したお金を返してほしい」とは言えません。

## 見返りとして配当金や株主優待を受け取れる

何も見返りがなければ株主は出資したくないことでしょう。そのため、株式を受け取った株主は、保有する株式の割合に応じて株主総会で議決権を行使したり、利益が出た場合に配当金を受け取ったりすることができるようになっています。ただし、配当金に関しては必ずもらえる保証はありません。

このほか、上場企業では株主優待を受け取れる場合があります。これも株主への見返りとなる還元策と言えます。株主優待は日本企業独自のものです。

配当金や株主優待といった見返りはインカムゲインと呼ばれます。株式を継続して保有するメリットです。

もう1つ、忘れてはならないのが、キャピタルゲインです。キャピタルゲインとは売却益を意味します。企業が成長して株式の価値が上がった場合には、その株式を売却することでキャピタルゲインを得ることができます。

いまや株式会社のしくみは企業にとって必要不可欠な資金調達手段です。日本では資本金1円から株式会社を作ることができ、アイデアがあれば誰でも起業できる状況となっています。

---

**インカムゲイン** 資産を継続的に保有することで得られる収益のこと。株式の配当金、家賃収入などが該当する。投資元本に対するインカムゲインの1年間の割合(%)＝利回りと考える。

**KEYWORD**

## 株式のしくみ

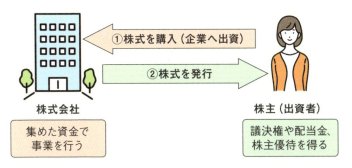

出資されたお金は返済されることはなく、仮に株式会社が倒産した場合には株主は出資したお金の分だけ損失を被ることになるが、出資分以上の損失を被ることはない。これを株主の有限責任という。

## インカムゲインとキャピタルゲイン

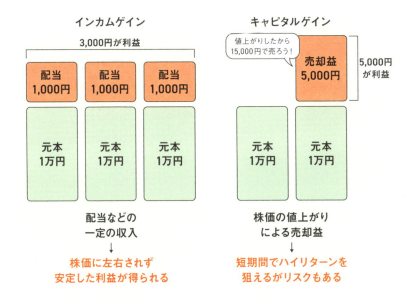

**キャピタルゲイン** 資産を売却することで得られる売却益のこと。株式や不動産の売買益などが該当する。売却により損失が出た場合をキャピタルロスという。

KEYWORD

# 市場の動きを知る 証券取引所と相場指標

CHAP 3 02 上場とは何か

> **Point**
> - 証券取引所で株式が売買できる企業を上場企業という
> - 日経平均株価、東証株価指数（TOPIX）が日本の代表的な株価指数

## 証券取引所に上場すると株式の売買が可能となる

全国には約170〜180万社もの法人企業があります。このうち株式会社の株式がすべて売買可能というわけではありません。会社の実態がわからなければ投資家もお金を出す気になりませんし、譲渡制限のある株式の場合、株主総会や取締役会などで譲渡の承認を得ないと売買できないこともあります。

そこで、企業の株式を売買するために作られたしくみが「上場」です。証券取引所に上場すると株式の売買を行えます。こうした売買のできる企業を上場企業と呼びます。一方、上場していない企業は未上場企業と呼びます。

上場企業になるためには、株主数、財政状態、時価総額など一定の基準（形式要件）を満たさなければなりません。また、コーポレートガバナンス、内部管理体制、企業情報開示などの実質要件も満たす必要があります。こうしたハードルがあるために、日本の上場企業は4,000社程度しかありません。

## 証券取引所は全国に4カ所ある

日本の証券取引所は、東京、名古屋、福岡、札幌にあります。グローバル企業や全国区の企業を中心として上場するのが東京証券取引所です。

東京証券取引所に上場する企業の株価をもとに市場全体の動きを確認できる相場指標として、日経平均株価や東証株価指数（TOPIX）があります。日経平均株価は東京証券取引所プライム市場に上場する代表的な225社の企業の株価をもとにした修正平均株価（P.74参照）です。こうした株価指数を確認することで、日本経済全体の状況の確認や株式市場全体の動向を把握することができます。最近では海外の売上比率が増加する企業も多いため、世界経済の影響も大きく受けやすい状況となってきています。

---

**コーポレートガバナンス** 企業統治。企業経営が健全に行われるようにするための監視・統制するしくみのこと。

KEYWORD

## 東京証券取引所の市場区分

**プライム市場**
約1,600銘柄
世界的な企業が集まっている
グローバルな機関投資家などとの対話を中心に据えた大企業向けの市場。
→ 景気に敏感な株が多い

**スタンダード市場**
約1,600銘柄
中堅－中小企業が中心
公開された市場における投資対象として十分な流動性とガバナンス水準を備えた企業向けの市場。
→ 内需銘柄や中規模企業中心

**グロース市場**
約600銘柄
ベンチャー・新興企業中心
高い成長可能性のある企業向けの市場。
→ ハイリスク・ハイリターン

最も厳しい基準を満たすことで上場できるのがプライム市場。段階を踏んでグロース市場やスタンダード市場からプライム市場へと移行する場合もあれば、直接プライム市場への上場もできる。

## 日経平均株価と東証株価指数（TOPIX）の違い

日経平均株価：採用銘柄に高額なものが多く、それらの影響を受けやすい

東証株価指数（TOPIX）：ほぼすべての銘柄を対象としているため日経平均株価よりも正確に日本株市場の動きがわかる

| | 日経平均株価 | 東証株価指数（TOPIX） |
|---|---|---|
| 算出対象 | 東京証券取引所プライム市場に上場する銘柄のうち選定された225銘柄 | 東京証券取引所プライム市場の銘柄など |
| 銘柄数 | 225銘柄 | 2,137銘柄（2024年6月末時点） |
| 表示単位 | 円・銭 | ポイント |
| 算出元 | 日本経済新聞社 | 東京証券取引所 |

**東証株価指数（TOPIX）** 東京証券取引所プライム市場を中心に上場する企業の株価を対象として算出される時価総額指数。銘柄とは市場で取引される有価証券（株式、債券、投資信託等）のこと。

KEYWORD

CHAP 3 割安株の選び方

# 会社四季報で割安株を探す①
# PERとPBR

> **Point**
> - PERは過去の水準、同業者の水準と比較する
> - PBRは1.2倍以下を目安に割安かどうか検討する

## 予想PERが実績PERよりも低いかどうかを検証

会社四季報を投資のバイブルとして愛読している人は少なくありません。会社四季報には、各企業のPERやPBRなどの株価指標が記載されています。PERとは、株価収益率のことを指し、株価を1株あたりの利益で割って算出します。一般的に、PERの値が低いほど割安、高いほど割高と判断されます。ただし、業種ごとに水準は異なるほか、同じ企業でも過去の水準と比較してどうかなどを検討する必要があります。

チャートの部分の隣に予想PERと実績PERがあります。予想PERが実績PERの安値平均と近い場合は割安水準かもしれないと判断できます。日本取引所グループ「規模別・業種別PER・PBR(連結・単体)一覧」では、業種別のPERが確認できますので、同業他社と比べて割安かどうかを判断する1つの目安とするとよいでしょう。

## PBRが1.2倍以下で探していく

PBRとは、株価純資産倍率のことを指します。株価を1株あたり純資産(総資産から負債を抜いた額)で割って算出します。一般的にPBRが1倍を割れていると、企業が解散した場合に受け取ることができる資産価値のほうが株価よりも高いことを意味するため、割安と判断されます。ただし、昨今では東京証券取引所の再編にともなう改革もあり、PBRが1倍を超える企業も増加していることから、PBRが1.2倍以下を目安に探すとよいでしょう。会社四季報では、実績PERの下の部分にPBRの記載があります。

なお、1つの株価指標のみで企業を選別するのではなく、PER、PBRなど複数の投資指標をもとに、総合的に見て割安かどうかを判断していくことが望ましいと言えます。

---

**KEYWORD**
会社四季報と日本取引所グループ　会社四季報とは、全上場企業を網羅した投資情報のこと。業績予想など独自の情報も掲載されている。日本取引所グループとは、東京証券取引所などを運営する取引所グループ。

## 会社四季報のPER・PBRで割安を判断する

### ①予想PERと実績PERを比較する
予想PERの（ ）内の数字は上〈24.6〉が今期、下〈25.6〉は来期の決算を指す。高値平均よりも低いかどうかを見つつ、同じ企業の過去3〜5年分と比較して割安かを検討するとよい。

**PER＝株価収益率**
値が低い⇒割安：買いに向く
値が高い⇒割高：売りに向く

**PBR＝株価純資産倍率**
1.2倍以下⇒割安：買いに向く

### ②PBRを確認する
1.2倍以下がよいものの、評価の高い企業は3〜4倍であることも多い。

### ③同業他社と比較する
企業の業種はここを見て判断する。同業種の他社の株価指標と比較して、割安であるかも確認する。

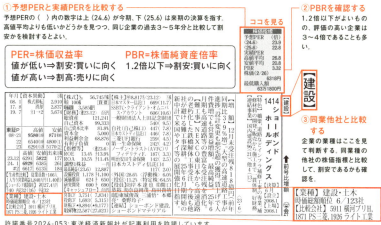

許諾番号2024-053：東洋経済新報社が記事利用を許諾しています。
© 東洋経済新報社　無断複写転載を禁じます。
出典：東洋経済新報社「会社四季報」2024年2集春号

証券コードをもとに、同業他社のページを確認すると、PERやPBRの比較が可能になる。

## 日本取引所グループの統計資料から業種別PER・PBRを確認する

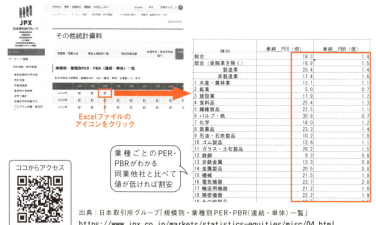

出典：日本取引所グループ「規模別・業種別PER・PBR（連結・単体）一覧」
https://www.jpx.co.jp/markets/statistics-equities/misc/04.html

日本取引所グループ「その他統計資料」には、規模別・業種別PER・PBRが掲載されている。直近のPERやPBRを確認し、業種ごとの1つの目安にするとよい。

---

**割安**と**割高**　割安とは会社の評価に対して株価が低いこと。割高とは会社の評価に対して株価が高いこと。株を買うときは割安、売るときは割高がよいとされている。

## CHAP 3 04 会社四季報で割安株を探す② 予想配当利回り、配当予想

割安株の選び方

> **Point**
> - 複数の企業かつ決算期を分けることで、配当金生活を楽しむ
> - 今後も配当が増えそうな企業をもとに投資対象を決めていく

### 予想配当利回りが3%以上のものから探す

東京証券取引所の改革に基づき、配当を引き上げる企業が増加しています。配当は、株主還元の1つであり、高成長を遂げる企業よりも経営が安定している企業のほうが高配当を出すケースが多いです。

それでは、どの程度配当を出す企業が魅力的であると考えられるでしょうか。明確な定義はないものの、年間の予想配当利回りが3%以上あると配当の面から見て魅力的な企業と考えることができます。予想配当利回りは、会社四季報の下段中央あたりに記載されています。企業によっては年1回、2回、4回と配当を出す回数はさまざまです。3月決算ばかりを対象とするのではなく、ほかの月の決算期の企業にも投資することで1年を通して配当金を受け取れる体制にすると配当金生活を楽しめます。

### 配当金が今後も増加しそうな企業に注目する

予想配当利回りとあわせて確認したいのが配当予想です。会社四季報では下段中央あたりに【配当】予想が、隣の【1株配】に1年度における1株あたりの配当額が示されています。【配当】では、いつ保有すれば配当金が出るのかがわかるほか、【1株配】には今後の予想金額も記載されています。仮に予想金額が増加する見込みなら、継続して保有することで配当が増加する可能性があり、配当利回りも上がります。

配当収入を得たい人は、【1株配】が継続して増加しそうな企業を狙うとよいでしょう。なお、配当は必ず支払われるわけではありません。業績悪化などの理由により、配当が支払われなくなることもありますので、少なくとも3カ月~半年に1回程度は会社四季報などで企業業績を確認し、業績に問題がないかどうか把握しておきましょう。

---

配当　企業の利益の一部を株主に還元するもの。配当の頻度は毎月、四半期、半年、毎年など、企業によって異なる。なかには利益のすべてを配当金として支払う企業もある。

KEYWORD

## 会社四季報でわかること

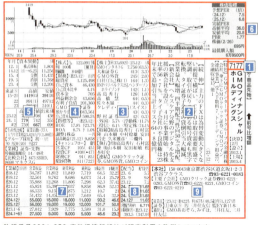

1. **証券コード**
上場企業に振り分けられた4ケタ数字または3ケタ数字＋英記号。

2. **業績記事**
企業規模や特色、企業の動向がまとめられている。

3. **株主・役員**
株式を所有している企業や人がわかる。

4. **財務情報**
企業の安全性を見るところ。優待の有無、資産や資本金等の財務状況がわかる。

5. **株価**
過去の株価や、株式の市場における評価がわかる。

6. **株価指標・株価チャート**
過去3年間の株価の推移。割安・割高の判断をする。

7. **業績の推移**
過去の売上高や利益がわかる。「予=予測」。

8. **配当金**
配当金の額がわかる。

9. **会社の概要**
本社所在地や従業員数、取引のある金融機関がわかる。

許諾番号2024-053：東洋経済新報社が記事利用を許諾しています。
©東洋経済新報社　無断複写転載を禁じます。
出典：東洋経済新報社『会社四季報』2024年2集春号

## 予想配当利回りと配当予想をチェック

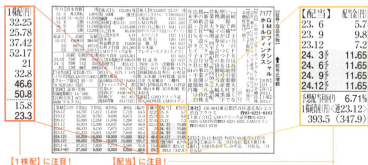

**【1株配】に注目！**
・「予」が付くものは予想配当額
予想も含めて、増加しているかどうかを確認する。できれば増配している企業が望ましい。

**【配当】に注目！**
・「予」が付くものは配当予想
・次の期の配当金をもらうには、権利確定日の2営業日前の「権利付最終日」までに株を保有する必要がある
GMOフィナンシャルホールディングスの場合、3月・6月・9月・12月に株式を保有することで配当金が年4回出ることがわかる。

**【予想配当利回り】に注目！**
予想配当利回りが3%以上あると魅力的。GMOフィナンシャルホールディングスは2024年春号では6.71%と予想配当利回りがかなり高くなっている。

許諾番号2024-053：東洋経済新報社が記事利用を許諾しています。
©東洋経済新報社　無断複写転載を禁じます。
出典：東洋経済新報社『会社四季報』2024年2集春号

---

**予想配当利回り**　株価に対して予想される配当金の割合を示したもの。3%以上あると魅力的な企業と言える。

# 会社四季報で割安株を探す③ 時価総額と現金同等物

CHAP 3
05
割安株の選び方

> **Point**
> ● 「現金同等物－有利子負債＞時価総額」となっている企業を探す
> ● 原則として、黒字企業から割安企業を探していく

## 本来の企業価値よりも時価総額が安いことがある

企業価値を確認する視点の1つが時価総額です。時価総額とは、株価に発行済株式総数を掛け合わせたものであり、一般的に企業の株式価値を示します。市場で評価された企業の価値と考えましょう。でも、市場で評価された企業価値は本来の企業の価値としてとらえてよいのでしょうか。

企業の価値には、売上や利益といった稼ぐ力のほかに、保有する現預金・土地、特許等の無形資産などさまざまなものが含まれています。こうした価値がすべて時価総額に含まれているかというと、そうでもありません。本来の企業価値に比べて時価総額が低く、割安に放置されている企業がある場合があるのです。

では、企業価値から見た割安な企業はどのように探せばよいのでしょうか。1つの考え方として、「現金同等物－有利子負債＞時価総額」が該当する企業を挙げることができます。現金同等物とは、換金するのが容易なものであり、手元に残る現金および預金、3カ月以内に満期日が到来する定期預金などが該当します。現金同等物から有利子負債である借金を引いたものは、実質的に企業が保有するキャッシュです。これが時価総額よりも大きくなる企業を探します。企業の株式をすべて買えば、それ以上の実質的なキャッシュが手に入ることになるため、割安だと判断できるのです。

この前段階として利用できるのがPBRです。PBRは1倍を割っていれば解散価値のほうが株式価値よりも高いと述べました（P.64参照）。そのため、「現金同等物－有利子負債＞時価総額」が該当する企業はPBRが1倍割れとなっています。注意点は、黒字の企業から探すこと。赤字垂れ流しの企業の場合、今は割安でもキャッシュが減っていくことで割安とは言えなくなる可能性があります。

---

**無形資産** 特許や商標など目に見えない資産のこと。土地建物などの有形資産と対となる概念である。

KEYWORD

## 時価総額から見る割安株の探し方

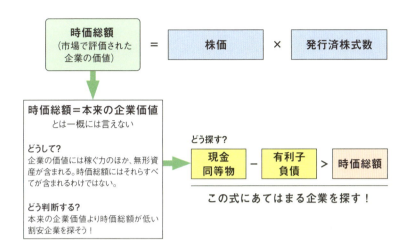

## 会社四季報で現金同等物、有利子負債、時価総額をチェック

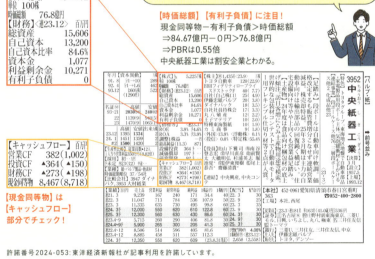

**有利子負債** 利息をつけて返済しなければいけない負債のこと。金融機関からの借入金や社債などが該当する。

## CHAP 3
## 06 会社四季報で成長株を探す①
## 業績とROE

成長株の探し方

> Point
> ● できるだけ右肩上がりに成長する企業を探す
> ● 売上や利益が年20％以上、ROEは20％以上が望ましい

### 商品や広告を投資家視点で見る

今後も成長しそうな企業を探すとき、最もよい探し方は直感です。「最近この企業の広告をよく見かけるようになったな」「お店に行くと大変繁盛している」といった感じで、普段何げなく通うお店や購入する商品を投資家の目線から見るようにしてみてください。成長企業を発見できるチャンスが眠っているかもしれません。

私の場合はそうして直感で伸びそうな企業を発掘し、その後に会社四季報で業績を確認するようにしています。会社四季報では、予想も含めて5～7年分の業績が掲載されています。できれば右肩上がりに業績が伸びている企業をピックアップします。その際、年20％以上、売上や利益が伸びている企業に特に注目しましょう。年20％以上の伸びを示す企業は高成長企業と言ってよく、今後もその伸びを維持できるかどうかがポイントになります。企業の行う事業展開をホームページなどで確認し、将来性が期待できそうであれば投資しがいのある企業となります。

### ROEが20％以上の企業を探す

高成長企業では、効率的な経営が行われていることも多いです。目安の1つとしてROEを確認してみましょう。ROEは自己資本利益率を示し、会社が資本を効率よく利用して利益を上げているかを確認できます。日本企業では10％未満などROEが低いケースが多いですが、米国といった海外では20％以上といった企業も多く存在します。日本企業は、今後さらにグローバルな水準に向けて効率的な経営を求められることでしょう。少なくとも10％以上、高成長を遂げるという意味では20％以上はほしいところです。業績とROEから真の高成長企業を発掘していきましょう。

---

**年20％以上** 1年間で20％以上の売上拡大が見込めると、4年かからずして倍以上の売上となる。

KEYWORD

## 💴 ROEが高い企業はお金を効率的に使えている

$$\text{ROE（自己資本利益率）} = \text{当期純利益} \div \text{自己資本} \times 100$$

**ROEって？**
返済不要な資金を使ってどれくらいの利益を生み出せているかの指標。

→ 最低10%、効率のよい経営であれば20%以上が好ましい

## 💴 会社四季報で業績とROEをチェック

【業績】の売上高、営業利益に注目！
売上や利益が年20%以上の成長を遂げているかどうか、成長スピードに陰りが見えないかどうかを確認する。

【指標等】に注目！
・ROEは45.6%、予（予測）は31.0%
・ROEは前期実績ROEを指し「前本決算の当期利益÷前本決算の自己資本×100」で算出する

GENOVAの場合、ROEが非常に高く、効率的な経営を行っていることがわかる。

許諾番号 2024-053：東洋経済新報社が記事利用を許諾しています。
© 東洋経済新報社　無断複写転載を禁じます。
出典：東洋経済新報社「会社四季報」
2024年2集春号

高成長企業は中小型株式（P.73参照）に多いです。一方、大企業の中にも着実に年5～10%など成長を遂げている企業もあります。自己資本が少なく、他人資本（有利子負債等）が多い場合にはROEが高くなる場合もあるため、業績や負債状況などもしっかり確認しましょう。

**自己資本**　企業経営に必要な資金のうち、返済する必要のない資金のこと。株主が出資したお金などが該当する。

## CHAP 3 — 07　成長株の探し方

# 会社四季報で成長株を探す②
# 絶好調、黒字転換

> **Point**
> - 業績記事の見出しが【絶好調】と記載のある企業を探す
> - 黒字転換する手前の企業を探す

## ひと足先に、絶好調企業に投資する

会社四季報を活用して、簡単にいま伸びている企業を探したい。この場合に活用できるのが、業績記事部分の見出しに記載されている【絶好調】や【連続最高益】といった評価の高い言葉を探すこと。取材に基づく評価であるため信用に足る評価と言えます。

会社四季報は毎年3月・6月・9月・12月、いずれも中旬に発売されます。事前予約をしておくと発売日の1日前に届きます。また、会社四季報オンラインでは四季報を先取りして確認できるサービスもあります。発売前に先に見出しを確認し、成長企業に投資できれば、短期間での株価上昇も期待できます。特に【絶好調】銘柄はその後株価が上がるケースも多く見受けられます。参考にしてみてください。

## 赤字から黒字に転換する一歩手前の企業に注目

もう1つ、今後の成長株を探す方法として、赤字から黒字へ転換する可能性のある企業を探す方法があります。前期は赤字であったものの、今期予想では黒字になりそうという予想は、会社四季報の業績部分から確認できます。もちろん、あくまで予想のため黒字になるかどうかは断定できないものの、仮に予想通り黒字に転換すれば注目度は高まります。特に、サブスクリプションのようなビジネスモデルは、初期費用が高く赤字ではあるものの、利用者が増加して黒字転換、継続して順調となる企業を探す際に活用できます。

将来性があることが前提になりますが、こうした企業の場合、テンバガーとなることも夢ではありません。売上が100億円未満であっても、高成長を遂げており赤字が縮小してきている。黒字になるのはもう目の前。そんな企業を探すことができるとおもしろいでしょう。

---

**KEYWORD**
**会社四季報オンライン**　会社四季報のweb版。高機能チャートやスクリーニング（配当利回り、PERなどの指標、株価、本社所在地といった諸条件を設定して企業を絞り込める）なども可能。

## 業績記事部分の見出しで伸びている企業を探す

絶好調銘柄は、多くの人が注目する可能性もあるため、短期での株価変動が大きくなる可能性があります

**見出しに注目！**
この部分に【絶好調】【連続最高益】といった評価がついているかどうかをチェックする。

↓

伸びている企業にいち早く投資できれば、短期間での株価上昇も期待できる

### ポジティブな見出しを覚えよう

| | | |
|---|---|---|
| 【最高益】 | 【好転】 | 【続伸】 |
| 【復調】 | 【増勢】 | 【横ばい】 |
| 【増益続く】 | 【黒字化】 | 【堅調】 |
| 【上振れ】 | 【上向く】 | 【独自増額】 |
| 【反発】 | 【増配】 | 【赤字縮小】 |

## 会社四季報で黒字転換する企業を探す

黒字転換できそうな場合でも、再度赤字に沈む恐れがある企業もあるため、継続して黒字化できそうかどうか、お店に行ってみる、ビジネスモデルを検証してみるといったことも行えるとよいでしょう

**【赤字縮小】に注目！**
エアークローゼットの場合は、赤字縮小と表記されている。「サブスクによる会員数が増加することで黒字転換する可能性があるかもしれない」と考えることもできる。

**【業績】に注目！**
2024年6月期は「▲（マイナス）」表記があり赤字予想だが、2025年6月期は黒字転換予想になっている。チャンスかもしれないと考える。

---

**テンバガー** 株価が購入時の10倍以上となる銘柄。「バガー」は塁打。1試合10塁打という大記録を叩き出すことが語源。規模の小さい中小型株式（発行株式数が少なく流動性が低い株）を中心に見受けられる。

KEYWORD

## CHAP 3
## 08 日経平均株価のレンジ（範囲）の考え方

先行きを予想

> **Point**
> - 好不況でPERの水準は変わってくる
> - 日経平均のPER（加重平均）は17倍が1つの目安に

### 日経平均株価の推移から、売買のタイミングがわかる

普段ニュースなどでよく聞く日経平均株価。日経平均株価は、日本を代表する225社の株価から算出される修正平均株価です。日経平均株価の値動きを確認することで、おおよその日本経済の先行きを確認することができます。ただし、以前よりもグローバルに活動する企業が多くなっていることもあり、日本国内だけではなく世界経済の影響も受けやすくなってきている点も忘れてはなりません。

さて、この日経平均株価、どのぐらいで推移しそうかが予想できると、どのあたりが割安か、割高か、つまりどのくらいで買ってどのくらいで売るとよいのかがわかるようになります。

### 日経平均株価の妥当な水準を探る

目安となる投資指標にPER（P.64参照）があります。日経平均株価の推移は経済の情勢によって異なるものの、昨今の目安としてはPER17倍が考えられます。このPERに日経平均EPS（予想）を掛け合わせると、妥当な日経平均株価が計算できます。

仮に日経平均EPSが2,326円だった場合、17倍×2,326円＝39,542円と計算され、この金額近辺であれば日経平均株価は妥当と考えることができます。

17倍という水準は、日本株式への評価が高まった現れです。以前の水準は15倍前後でした。日本株式への評価が高まっている現状を考慮すると、今後の目安としては、16～17.5倍を妥当な範囲として考えるのがよいでしょう。

仮に日経平均EPSが2,326円であった場合、16倍×2,326円＝37,216円、17.5倍×2,326円＝40,705円と計算できるため、37,216円（割安）～40,705円（割高）あたりで推移するだろうと予測できます。

---

**修正平均株価** 株式分割や銘柄入れ替えなどの特殊な株価変動を修正し、連続性を持たせた株価のこと。

KEYWORD

## 日経平均の PER と EPS はココで見る

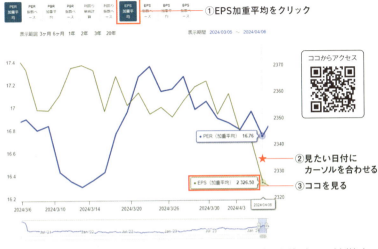

出典：nikkei225fut.jp「日経平均 PER PBR EPS BPS 利回り」 https://nikkei225fut.jp/fundamental/nikkei

## 日経平均株価の目安に PER を活用する

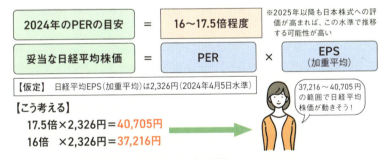

※2025年以降も日本株式への評価が高まれば、この水準で推移する可能性が高い

【仮定】 日経平均EPS（加重平均）は2,326円（2024年4月5日水準）

【こう考える】
17.5倍×2,326円＝40,705円
16倍　×2,326円＝37,216円

→ 37,216〜40,705円の範囲で日経平均株価が動きそう！

ただし……　EPSは変動するという点には注意が必要！
決算発表などにより各企業の業績予想が変動⇒予想EPSも変動⇒株価も変動
といったことが起こる可能性もある

変動に備えて、その時々のEPSとともにレンジ（範囲）を確認していきましょう。不測の事態が発生すれば、PERは14〜15倍水準程度まで下落する可能性もあります。この場合には、日経平均株価は32,564〜34,890円まで下落することが予想されます。また、100年に1回ともいわれるリーマンショック級の不測の事態が発生すると、日経平均株価のPERは12倍程度まで下落する恐れがあり、12倍×2,326円＝27,912円と大幅に暴落する可能性もあります。めったにないことですが、そういったこともあり得るかもしれないとして注意しておきましょう

**EPS** 1株あたり当期純利益。当期純利益÷発行済株式総数で求められる。日経平均EPSは新聞やインターネットで検索できる。

CHAP 3

## 09 買われすぎ、売られすぎのサイン「RSI」を活用

売り買いの判断

> **Point**
> - RSIが70%以上になってきたら売却を検討する
> - RSIが30%以下になってきたら購入を検討する

### RSIで売られすぎ・買われすぎを判断できる

株式投資の課題は、どのタイミングで買い、いつ売るのかということ。「頭と尻尾はくれてやれ」という投資格言があるように、ほどほどに安く買い、ほどほどに高く売ることができれば十分な成果を出せたと考えるべきです。

ほどほどに売買するための目安の1つに「RSI」という指標があります。RSIは、相場における「売られすぎ・買われすぎ」を判断するテクニカル指標の1つです。一般的なRSIは、14日間の株価の値上がり幅の平均（A）と14日間の値下がり幅の平均（B）を算出し、A／A＋Bで計算され、50%を中心として0～100%の範囲で推移します。株価の上昇局面では50%以上、下降局面に入ると50%以下になります。RSIが70～80%以上であれば買われすぎ（＝売りのサイン）、20～30%以下であれば売られすぎ（＝買いのサイン）と判断しましょう。RSIは、5日間や10日間のデータを使用する場合もあります。個別株式（単体企業の株式）の場合、14日間のRSIは過去の状況を見る限りあてはまらないことも多く、利用が難しい場面もあるため、5日間や10日間で適用するなどして、サインをつかめるケースを探し出して利用しましょう。

### テクニカル指標ばかりでなくファンダメンタルズも

また、RSIだけで判断するのではなく、①ボリンジャーバンドといったほかのテクニカル指標も活用する、②そのときの経済状況、金融政策の動向などファンダメンタルズの側面も確認するなど、複数の視点から総合的に判断して売買は行うべきです。とはいえ、RSIは簡単に計算できることから、日経平均株価など相場全体の動きを確認するにはもってこいの指標です。数週間～数カ月程度の短期～中期的な売買を行う際には活用するとよいでしょう。

---

**テクニカル指標** 価格や取引量などの市場の動きを数値で表し、トレードの判断材料にするための指標の1つ。感情に流されず客観的な判断ができるほか、市場の上昇・下降トレンドを判断できる。

KEYWORD

## RSIの考え方

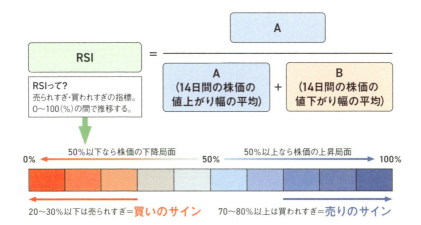

**RSIって?**
売られすぎ・買われすぎの指標。0〜100(%)の間で推移する。

50%以下なら株価の下降局面 ← 0%　　50%　　100% → 50%以上なら株価の上昇局面

20〜30%以下は売られすぎ=**買いのサイン**　　70〜80%以上は買われすぎ=**売りのサイン**

## RSIの計算方法

| | 株価 | 値幅 |
|---|---|---|
| 1日目 | 500円 | |
| 2日目 | 490円 | ▲10円 |
| 3日目 | 520円 | +30円 |
| 4日目 | 550円 | +30円 |
| 5日目 | 530円 | ▲20円 |
| 6日目 | 550円 | +20円 |
| 7日目 | 570円 | +20円 |
| 8日目 | 590円 | +20円 |
| 9日目 | 580円 | ▲10円 |
| 10日目 | 570円 | ▲10円 |
| 11日目 | 590円 | +20円 |
| 12日目 | 610円 | +20円 |
| 13日目 | 600円 | ▲10円 |
| 14日目 | 590円 | ▲10円 |
| 15日目 | 630円 | +30円 |

①14日間の株価(終値)から値上がりした合計を求める

30円+30円+20円+20円+20円+20円+20円+30円=**190円**

②14日間の株価(終値)から値下がりした合計を求める

▲10円+▲20円+▲10円+▲10円+▲10円+▲10円=**▲70円**

③AとBを求める

(A) = 190円÷14日≒13.57
(B) = 70円 ÷14日=5

④RSIを求める

A／A+B=13.57÷(13.57+5)≒**73%**

> RSIはこのように計算します。15日目に株価が大幅に上昇しているため、いったん売却することも検討できそうです

**ココからアクセス**
出典:投資の森「RSI 日経平均株価」
https://nikkeiyosoku.com/rsi/

---

**ボリンジャーバンドとファンダメンタルズ** ボリンジャーバンドは移動平均線と標準偏差をもとに株価の勢いの変化や方向性を確認するもの。ファンダメンタルズは経済の基礎的条件。国や企業の財務状況などが該当する。

CHAP 3

# 10 適時開示情報閲覧サービスから決算情報などを入手する

早めに買う

> **Point**
> - 決算短信、M&Aに関する情報、毎月の売上がわかる
> - 情報を得て瞬時に判断し売買すれば利益を得ることが可能

## 無料で利用できるものはうまく活用を

　無料で上場企業の最新情報をまとめて確認できるサイトがあります。**適時開示情報閲覧サービス**です。

　適時開示情報閲覧サービスでは、国内金融商品取引所（東京証券取引所、名古屋証券取引所、福岡証券取引所、札幌証券取引所）に上場する企業が開示する、投資判断上重要となる情報を確認できます。この情報には、決算短信はもちろんのこと、子会社化や経営統合といったM&Aに関する情報、企業によっては毎月の売上などを月次で公開しています。予想された業績よりもよくなった場合や悪化した場合などには業績予想の修正も公表されます。

　こうした企業の情報は、株価に影響を与える可能性が高いです。特に、業績が予想された数値よりもよい場合や、M&Aによりさらに成長が見込まれる場合、自己株式の取得枠の設定といった株主還元策が評価された場合には、株価上昇につながります。

## 情報が公開されるのは市場クローズ後

　一般的に、上場企業が情報を公開するのは株式市場がクローズする15時（東京証券取引所のみ）または15時30分以降が多いです。その日の株価に大きく変動を与えないようにし、投資家が情報をじっくり確認できるようにする意味もあります。

　朝9時、昼12時から13時あたりに適時開示情報閲覧サービスを確認し、そのときに公表されている情報をもとに株価によい影響を与えそうであれば買い、株価が上昇したところで売却するといった投資方法が考えられます。15時以降に公表される情報に関しては、PTS取引を使って夕方や夜間に取引を行い、いち早く売買を行うことで利益を得るといった方法もあります。早いが勝ちとはまさにこのことですね。

---

**決算短信**　上場企業の1年度分の決算内容をまとめたもの。四半期ごとに公表される四半期決算短信もある。

KEYWORD

##  適時開示情報閲覧サービスでわかること

**決算短信**
上場企業の1年度分の決済内容。四半期決済短信もある。売上高や財政状態などがわかる。

**M&Aに関する情報**
M&Aとは企業の合併や買収のこと。子会社化や経営統合の情報を知ることができる。

**適時開示情報閲覧サービス**
国内の金融商品取引所に上場する企業が開示する情報がまとまったサイト。

**毎月の売上**
企業によって異なるが、月次で毎月の売上を公開している企業もある。

**業績予想の修正**
各企業が、予想した業績と現状の業績を比較し、今後の業績予想を修正・公表することもある。

## 適時開示情報閲覧サービスのチェック法

ココからアクセス

出典：TDnet「適時開示情報閲覧サービス」 https://www.release.tdnet.info/inbs/I_main_00.html

【こう使う！】

**9:00・12:00〜13:00**
サイトをチェック！
①前日に公表された情報から、株価が今後上がりそうな株を購入！
②株価が上昇したら売却する

**15:00以降**
サイトをチェック！
新たに公開された情報から株価を予想する。

**16:00〜夜間**
**PTS取引で株を購入！**
①市場クローズ後も株を買えるPTS取引で、株価が上がりそうな株をいち早く購入しておく
②買った株の株価が上昇したら売る

---

**PTS** Proprietary Trading Systemの略。証券会社が運営する私設取引システム。取引時間外のニュースなどをもとに夜間などの取引が可能となる。

KEYWORD

## CHAP 3

**11** 株式の過去の年間パフォーマンスを知る

過去から未来予測

**Point**
- 連続して最もよいパフォーマンスを叩き出している主要資産はほとんどない
- 複数の資産に分散投資して高パフォーマンスを狙っていく

### 伸びそうな金融商品を推測し、運用結果に反映していこう

個別の株式に注目し、割安株や高成長株など、旬に合わせた運用ができれば、毎年高パフォーマンスを維持することができるかもしれません。しかし、それは至難の業とも言えます。

過去の状況から、株式などの主要資産がどれくらいのパフォーマンスとなっているかを確認していきましょう。三井住友DSアセットマネジメント「主要アセットクラスの長期パフォーマンス分析」によれば、2008〜2020年における主要資産の年間パフォーマンスでは、必ずしも株式のパフォーマンスが毎年よかったわけではなさそうです。右図の「主要アセットクラスの年間パフォーマンス」を見ても、その年の最もよいパフォーマンスをあげた資産は毎年変わっています。

世界経済情勢、金融情勢、政治リスク、戦争等のリスクなど、投資にはさまざまな観点が必要です。高パフォーマンスを維持するためには、そのときの状況によって運用すべき金融商品を変えなければなりません。とはいえ、総合的には株式のパフォーマンスは、2019年以降はよい状況が続いています。

個人投資家の強みは、機関投資家と異なり、区切りで成果を出す必要がないこと。ノルマに追われることはありません。そのため、中長期投資が可能な人は、株式を主体としつつ、REIT（P.132参照）や債券といったほかの金融商品にも複数投資し、リスク分散を図っていくことが無難な投資方法と言えます。複数の資産に投資し、そのうちのどれかが毎年高パフォーマンスになれば資産も増えていきます。

また、新興国がよい年と先進国がよい年があるのも見てとれます。米国の利下げが期待できる年は新興国も恩恵を受けるので、新興国株式は期待できるかもしれません。もちろん、ほかの要素も確認しながら、今年は何がよさそうかを推測し、運用結果に反映できると資産運用能力が向上している証となることでしょう。

---

**主要資産** 一般的に株式、債券、REITが該当する。この3種類をさらに国内、海外に分けることができる。

**KEYWORD**

## 主要アセットクラスの年間パフォーマンス

| | 順位 | 先進国株式 | 順位 | 新興国株式 | 順位 | 世界REIT | 順位 | 世界ハイイールド債券 |
|---|---|---|---|---|---|---|---|---|
| 2008 | 5 | -38.7 | 7 | -45.9 | 6 | -42.0 | 3 | -27.1 |
| 2009 | 4 | 25.7 | 1 | 62.3 | 3 | 27.2 | 2 | 60.6 |
| 2010 | 5 | 10.0 | 4 | 14.1 | 1 | 20.9 | 3 | 15.2 |
| 2011 | 5 | -5.5 | 7 | -12.7 | 4 | 2.0 | 3 | 3.1 |
| 2012 | 4 | 15.7 | 3 | 17.0 | 1 | 23.7 | 2 | 18.8 |
| 2013 | 1 | 28.9 | 4 | 3.4 | 3 | 6.0 | 2 | 7.1 |
| 2014 | 2 | 9.8 | 5 | 5.2 | 1 | 27.2 | 6 | 2.5 |
| 2015 | 2 | 2.1 | 6 | -5.8 | 1 | 3.8 | 5 | -2.1 |
| 2016 | 4 | 9.0 | 2 | 9.7 | 5 | 7.7 | 1 | 15.9 |
| 2017 | 2 | 18.5 | 1 | 30.6 | 4 | 5.8 | 3 | 7.6 |
| 2018 | 5 | -7.4 | 6 | -10.1 | 4 | -3.2 | 3 | -2.4 |
| 2019 | 1 | 27.3 | 3 | 18.0 | 2 | 24.1 | 4 | 14.0 |
| 2020 | 2 | 13.5 | 1 | 19.1 | 6 | -9.5 | 4 | 6.3 |

| | 順位 | 世界投資適格社債 | 順位 | 世界国債 | 順位 | コモディティ |
|---|---|---|---|---|---|---|
| 2008 | 2 | -4.7 | 1 | 8.9 | 4 | -36.0 |
| 2009 | 6 | 16.3 | 7 | 0.9 | 5 | 23.5 |
| 2010 | 6 | 7.4 | 7 | 3.6 | 2 | 17.4 |
| 2011 | 2 | 5.2 | 1 | 6.1 | 6 | -8.3 |
| 2012 | 5 | 10.8 | 6 | 4.4 | 7 | -3.4 |
| 2013 | 5 | 0.1 | 6 | -0.4 | 7 | -5.0 |
| 2014 | 4 | 7.8 | 3 | 8.4 | 7 | -17.9 |
| 2015 | 4 | -0.2 | 3 | 1.2 | 7 | -23.4 |
| 2016 | 6 | 5.7 | 7 | 3.0 | 3 | 9.3 |
| 2017 | 5 | 5.2 | 6 | 1.2 | 7 | 0.7 |
| 2018 | 2 | -1.7 | 1 | 1.0 | 7 | -12.4 |
| 2019 | 5 | 11.5 | 7 | 5.4 | 6 | 9.4 |
| 2020 | 3 | 7.7 | 5 | 4.9 | 7 | -9.7 |

※各年の数字は騰落率で単位は%、順位は上昇率の大きい順。世界国債、世界投資適格社債、世界ハイイールド債券はICE BofA グローバルの指数。コモディティはトムソン・ロイター・コアコモディティCRB指数。世界REITはS&P世界REIT指数。先進国株式はMSCI先進国株価指数。新興国株式はMSCI新興国株価指数。コモディティは米ドル建て価格、その他は現地通貨建てトータルリターン指数値。
(出所) Bloombergのデータを元に三井住友DSアセットマネジメント作成
出典：三井住友DSアセットマネジメント「主要アセットクラスの長期パフォーマンス分析」
(2021年12月14日発行)

CHAP 3 株式投資の考え方、銘柄の選び方

株式市況だけではなく、為替の状況にも影響は受けるものの、近年のパフォーマンスからは株式がよさそうです。ですが、REITや債券も組み合わせてリスクヘッジをしておけるとよいでしょう

**機関投資家** 巨額の運用資金をもとに株式や債券などで運用を行う大口投資家。銀行、保険会社などが該当する。

## CHAP 3
### 12 株式ミニ投資の活用（単元未満株投資）
少額で買う方法

> **Point**
> - 株式ミニ投資では100株未満の取引が可能
> - 少額から複数の株式に分散投資したい場合に利用する

### 値がさ株を手ごろに買いたい場合に活用する

「複数の株式に投資したいから、数万円から買えないか」。こうしたニーズに応えるのが株式ミニ投資（ミニ株）です。

株式ミニ投資とは、通常の株式取引よりも少ない資金で株式が購入できる取引方法です。通常の株式取引では、単元株は100株です。例えば株価が5,000円の値がさ株の場合、5,000円×100株＝50万円となり、50万円の資金がないと購入することができません。しかし、株式ミニ投資では単元未満株、つまり100株未満の取引ができます。一般的には1単元の1/10の10株から購入できます。証券会社によってはミニ株として1株単位で購入できる場合もあります。こうしたしくみを利用することで、少額から複数の株式に投資することも可能となっています。なお、株式ミニ投資は証券会社によっては名称が異なるほか、取扱銘柄数が異なります。

### 配当や優待に条件があることに注意

株式ミニ投資で購入した株式においても、その株数に応じて配当金や株主優待を受け取れます。ただし、単元株以上でないと株主優待が受け取れない場合が多いため、確認が必要です。また、株主総会での議決権に関しては、原則、単元株以上を持つ人が行使できます。単元未満株をコツコツ購入し、100株以上となれば議決権も行使できるようになります。保有する株式数が多いほど、議決権は多くなるのです。

株式ミニ投資は、利用できる証券会社が限られます。SBI証券や楽天証券などインターネット証券をはじめとする一部の証券会社であれば利用できます。新NISA（CHAP.8参照）での利用も可能な証券会社がありますので、財布と相談しながら、コツコツと投資したい場合に活用していきましょう。

---

**単元株** 通常の株式取引で売買される株式の売買単位のこと。現在、日本の上場企業は100株＝1単元で統一されている。

KEYWORD

## 少額でも買える「株式ミニ投資」

**値がさ株**
1株＝5,000円
⇒100株単位からしか買えない
⇒50万円必要

**ミニ株**
単元未満株は配当はあっても優待はないこともあるので注意

1株＝5,000円
⇒10株から買える
⇒5万円あれば買える！

私でも買えそう！

## 単元未満株を取り扱っている証券会社

| 手数料率（税込） | 楽天証券 | SBI証券 | auカブコム証券 | マネックス証券 | 松井証券 | CONNECT証券 |
|---|---|---|---|---|---|---|
| 手数料率（税込） | 買い付け：無料 | 買い付け：無料 | 0.55%<br>最低手数料55円 | 買い付け：無料 | 買い付け：取り扱いなし | — |
|  | 売却：11円/回 | 売却：0.55%<br>最低手数料55円 |  | 売却：0.55%<br>最低手数料52円 | 売却：0.55% |  |
| スプレッド | 0.22%※ | — | — | — | — | 0.50% |
| 往復コスト<br>参考価格：5千円 | 33円 | 55円 | 110円 | 52円 | — | 50円 |
| リアルタイム取引 | ○ | × | × | × | × | ○ |
| ポイント投資 | ○ | × | ○ | × | × | ○ |
| 日計り取引 | ○ | ▲ | ▲ | × | × | ○ |

※比較対象範囲は、単元未満株取り扱いネット専業証券（2023年4月7日時点）
出典：楽天証券

楽天証券のかぶミニ®は手数料と別にスプレッド（相場の値段の開き、価格差、金利差）がある。参考価格にスプレッドを加減算した価格に1円未満がある場合、買い注文は切上げ、売り注文は切捨てされる。

単元未満株投資といっても、各社違いがあります。この表は、インターネット専業証券の場合の違いです。リアルタイムに投資できるケース、ポイント投資ができる場合などもあります

**値がさ株** 株価の高い銘柄。1単元（100株）の購入金額が50万円以上、1株5,000円以上の株価が該当する。

KEYWORD

CHAP 3
無理のない投資

# 13 信用取引・先物取引は原則行わない

> Point
> - 信用取引は証券会社からお金や株券を借りて行う取引
> - レバレッジをかけず、手元資金で運用を行うのが無難

## 手元資金以上の取引は大きな損失につながることも

「お金を借りて投資すれば、さらに資産が増やせそう」。そう思う人も少なくありません。しかし、そうした取引で大幅に株価が下落した場合、手元の資金はすべて失うほか、手元の資金以上に損失が出ることもあり、使い方次第では投機となり得ます。投資初心者の人ほど手を出さないほうが無難です。

## 信用取引はリスクヘッジなどに利用される

とはいえ、使い方次第ではリスクヘッジを図れたり、効率的な運用を行えたりするのも事実です。具体的には、信用取引と先物取引が該当します。信用取引は、現金や保有株式を担保として、証券会社からお金を借りて株式を買ったり、株券を借りたりしてそれを売る取引です。お金を借りて株式を買った場合（買い建て）は、株価が上昇すれば利益を得られます。株券を借りて売った場合（売り建て）には、株価が下落して買い戻すことで利益を得られます。最大で預けた担保の評価額の約3.3倍の取引が可能です。

先物取引は将来の売買を現時点で決めた価格で行うことを約束する取引です。購入者は決めた値段よりも価格が上昇していれば利益を得られます。先物取引も運用資金の数倍の注文を出すことができ、商品や取引時期によりレバレッジの倍率は異なります。

いずれにせよ、手元資金以上の取引ができるものであり、大きな利益を得られる期待ができる反面、予想に反した動きとなれば手元資金を失う可能性があります。欲を出してさらにレバレッジを高めて投資に失敗する人を数多く見てきました。そのため、投資初心者ほど、こうしたレバレッジのかかる金融商品の運用は行わず、手元資金のみで現物株式を取引していくことが賢明です。

---

投機　短期的な相場変動から、利益を追求する行為。不確実であり、イチかバチかの要素が入る。大損失を出す可能性もあるため初心者にはおすすめしない。

KEYWORD

## 信用取引のしくみ

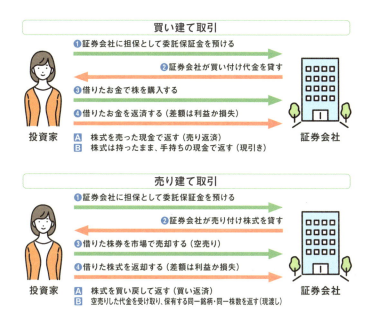

## 先物取引のイメージ

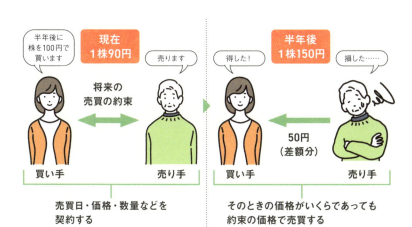

レバレッジ　資金を借りて手元の資金以上の金額を動かすことで、自己資金の収益を高める効果が期待できること。

COLUMN 3

# 株式を保有するだけで金利を受け取る方法

## 持っている株を貸し出すと「貸株金利」を受け取れる

　株式取引では、売却益（キャピタルゲイン：P.61参照）や配当金、株主優待による収入（インカムゲイン：P.60参照）がおもな収入源となります。しかし、貸株を利用することで第三の収入源として貸株金利を得ることも可能です。

　貸株とは、保有する株式を証券会社に貸し出すことで、見返りに貸株金利を受け取れるというものです。証券会社は借りた株式をほかの投資家に貸し出すなどして運用を行います。株式を貸した投資家は、貸した見返りに証券会社から貸株金利を受け取ります。

　保有する銘柄によっては、貸株金利が年1％以上つくこともあります。

　株式は、貸している間でも売りたいときに売却できます。売却するとその後の貸株金利は得られなくなるものの、株価が大きく上がって利益が大きくなった場合には、それまでの貸株金利も利益となるため、取引の仕方によってはメリット大となります。

## コースによっては株主優待が受け取れないことも

　注意点として、継続保有特典が受けられなくなる可能性があることを覚えておきましょう。貸株を行っている最中は株式の名義がいったん貸した相手側に移ることになるため、株主優待等が得られない可能性があるのです。なお、証券会社によっては、株主優待や配当金を得ることができるように設定することも可能です。例えば楽天証券のように、貸株を行うときに「株主優待優先」や「貸株優先・予想有配優先」の設定を行うと優待を受け取ることが可能です。「金利優先」のコースを選択すると株主優待を受け取ることはできません。普段は貸株で金利収入を得つつ、権利確定日には優待や配当を受け取れるように手配すると優待＆金利生活を享受できるようになり日々の生活の楽しみが増えることになるかもしれません。

　もう1つの注意点として、NISA口座の保有株は貸株対象外となることも覚えておきましょう。NISA口座での保有株式は貸株には利用できません。特定口座（P.94参照）や一般口座で保有する株式がある場合に、貸株を検討することになります。

CHAP

# 4

# 債券投資の考え方、銘柄の選び方

債券は国や企業が事業資金などを調達するために発行する金融商品です。たくさんある種類のなかでも投資初心者に向いているのは個人向け国債。1万円程度から購入できるほか、元本保証もついているので安心です。

## CHAP 4 - 01 お金を貸す投資

# そもそも債券ってどんなもの？

> **Point**
> - 債券は国や企業がお金を借りる1つの方法
> - 銀行からの借り入れに比べて、資金使途は比較的自由

## まとまった資金を調達したい場合に発行される

債券とは、国や地方自治体、企業などが投資家からお金を借りる1つの手段です。お金を借りたい資金需要者である国や企業などは、お金を借りるために債券を発行します。投資家は資金を出す代わりに債券を受け取ります。

銀行などの金融機関からの借り入れと何が違うのでしょうか。大きな違いは、借入目的と返済期間にあります。例えば銀行借り入れの場合、一般的に資金使途が明確である必要があります。返済も毎月求められるなど、お金を長期にわたって自由に利用できるとは限りません。一方債券は、まとまった資金を借り入れることができ、資金使途は複数あってもかまいません。借りたお金も償還日（お金が払い戻される日）にまとめて返すので、それまでは自由に利用できます。利子（お金を貸してくれた投資家または銀行への見返り）については、銀行借り入れ、債券ともに定期的に支払う必要があります。

## 償還日には、額面と同じ金額が戻ってくる

債券のうち、国が発行する国債は証券会社、銀行、郵便局などで購入できます。一方、会社が発行する社債や、海外の国や企業などが発行する外国債券等は証券会社で購入できます。債券は、いつでも販売されているとは限らず、期間を限定して発売されるものもあれば、定期的に同じ種類の債券が販売されるといった場合もあります。金利（利子）は、その時々の経済情勢や企業の信用度合いによって変動します。

通常、債券は1単位あたり額面100円で発行され、満期（償還）時には額面と同じ100円で償還されます。ただし債券の発行体である企業などが倒産、債務不履行となった場合（契約で約束した義務を果たせない）には貸したお金が戻ってこない可能性もあります。

---

**資金使途** 企業が銀行借り入れする場合、資金使途は設備整備、事業運営、納税のためなどに限定される。債券の場合、企業なら新商品開発や事業拡大など、自由に設定できる。

KEYWORD

## 債券はお金の借用書

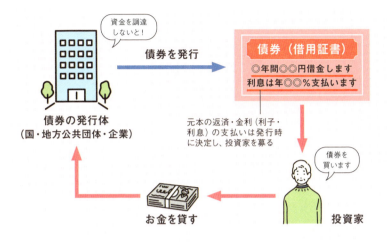

## 貸したお金が戻るまで

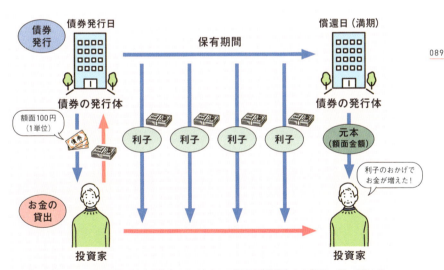

債券を購入すると定期的に利子が支払われるほか、償還日(満期)には額面で払い戻しが行われることになる。ただし、発行体が倒産した場合などはお金が戻ってこないこともある。なお、債券は途中で売買することもできる。

**外国債券** 発行する市場、発行体、通貨のいずれかが外国または外国の通貨である債券。外国は金利が高い国が多く、利回りの高い外国債券を購入すれば高金利を受け取れる(P.94参照)。

# CHAP 4

## 02 債券のメリットとデメリット

金利に注目

> **Point**
> - 安定した利子や途中売却により売却益を得られる可能性がある
> - 債券の発行体が債務不履行に陥ると投資金額が回収できない恐れがある

### 利子というインカムゲインを着実に得ていく

債券投資のメリットには、①インカムゲイン、キャピタルゲインの双方が狙えること、②比較的安全性が高いこと、③流動性が高いこと、④種類が豊富であることなどが挙げられます。

固定金利（購入時から満期まで金利が変わらない）の債券の場合、発行体が債務不履行に陥らない限り、定期的に利子収入を得られ、償還日まで保有すれば額面（償還金）が戻ります。途中で売却すれば売却益が得られる場合もあります。また、購入・売却時の価格差で損益が出る株式とは違い、額面金額が戻ってくるため比較的安全性が高いです。さらに、国債など流動性の高い債券の場合は売買もしやすく、売りたいときに売却できます。償還までの期間が5年、10年と複数あるものもあれば変動金利のものもあり、種類が豊富です。そのため目的に応じた投資ができます。

### 金利の上昇に影響を受けやすい

一方、デメリットも存在します。債券の発行体が債務不履行に陥ると投資した金額が戻ってこない可能性があります。債券の中には信用度が低く、ジャンク債のように格付け（信用リスクを計る尺度）も安全性も低いものがあります。そういった債券を購入すると、売りたいときに売れず損失がふくらんでいくこともあります。また、種類が豊富なので、どれを選べばよいのか迷うことも多いでしょう。債券は金利上昇に弱い点も知っておくべきです。市場全体の金利が上昇したり、債券の発行体の信用力が低下したりすると、債券価格が下落する可能性があります。

債券のメリットを活かしながら、ほかの資産も含めた分散投資を行い、デメリットを補完していく必要があります。金利情勢などを確認しつつ、債券への投資配分は決めるべきでしょう。

---

**流動性が高い** 流動性＝資産の現金化の難易度を表す概念。価格の大きな変動がなく資産を迅速に売買できる状態にあることを「流動性が高い」と言う。流動性が高い市場は売買が活発。

KEYWORD

## 債券の格付け

| | | |
|---|---|---|
| AAA | 信用力が最も高い | |
| AA | 信用力が非常に高い | 投資に適している |
| A | 信用力が高い | |
| BBB | 信用力は十分。でも将来、信用力が低下する可能性がある | |
| BB | 信用力は当面問題なし。でも将来、環境が変化する場合には注意が必要 | リスクの高い債券としての扱い |
| B | 信用に問題があり、懸念点もある | ジャンク債（ハイイールド債） |
| CCC | 信用力に大きな問題があり、債務不履行に陥る可能性がある | |
| CC | すべての発行体が債務不履行に陥る可能性がある | |
| C | 債務不履行に陥る可能性が非常に高い | |
| D | すべての発行体が債務不履行に陥っている | |

格付けとは、債券を発行する国や企業の信用度を計るもの。第三者機関（民間企業）が付与している。BB以下はジャンク債と呼ばれ、リスクが高くなる。

## 金利と債券

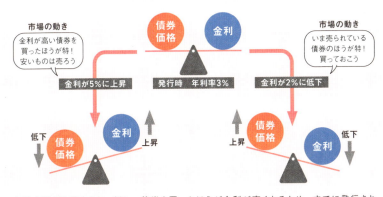

市場金利が上昇すると、新しい債券を買ったほうが金利が高くなるため、すでに発行されている債券を売る人が増えて債券価格は下がる。一方、市場金利が低下すると、すでに発行されている債券の金利のほうが魅力的となるため、購入者が増えて債券価格は上がる。金利上昇は債券価格の下落に、金利低下は債券価格の上昇につながることになる。

**ジャンク債**　第三者機関である格付会社による格付けが低く、投資適格に満たない債券。利回りは高い傾向にある。ハイイールド債（ハイ＝高い、イールド＝利回り）とも呼ばれる。

# CHAP 4 03 債券の種類①
# 国内債券（公共債・民間債）

発行体で変わる

> **Point**
> ● 国内債券とは日本国内で、日本円で発行する債券のこと
> ● 一般の事業会社が発行する債券は事業債（社債）という

## 国内債券と外国債券の違い

債券をおおまかに分類すると、2つの分け方ができます。国内債券と外国債券、公共債と民間債です。まずは国内債券と外国債券の違いについて確認しましょう。

日本国内の発行体（日本国、都道府県などの地方自治体、国内企業）が、日本国内で、日本円で発行する債券（円建て債券）を国内債券といいます。

一方、外国債券は、発行体、発行市場、発行通貨のいずれかが外国または外国の通貨であるものが該当します。すべてが外国である必要はありません。例えば、日本国内において米ドルなどの外貨建てで発行される債券は外国債券に該当します。海外において日本円で発行される債券も外国債券に該当します（P.94参照）。

## 国内債券には公共債と民間債がある

国内債券のうち、国や地方自治体、政府関係機関などが財源等をまかなうために発行する債券を総称して公共債といいます。公共債の中には、日本国債、地方債、政府機関債があります。このうち、地方債は、都道府県や政令指定都市などが発行する債券です。一般的に、国内債券の中では日本国債に次いで安全性の高い債券といわれています。政府関係機関や特殊法人が発行する債券を政府機関債といい、政府保証のあるものとないものがあります。

民間企業が資金調達の一環として発行するのが民間債です。民間債には、一般の事業会社が資金調達を行うために発行する事業債、株式に転換する権利が付与されている転換社債、株式が発行された際に、一定の条件に基づいて株式の取得権利が付与された新株予約権付社債が含まれます。このうち、事業債に関しては、社債と呼ばれることもあります。

---

**政府機関債** 政府保証＝元本・利子の支払いを政府が保証すること。政府保証があり公募方式なら政府保証債、政府保証はなく非公募方式なら非政府保証債、公募方式なら財投機関債になる。

KEYWORD

## 国内債券と外国債券の違い

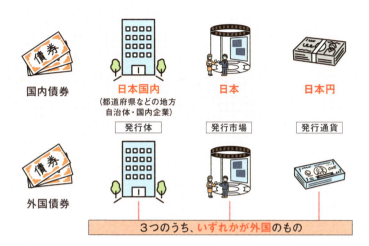

| 国内債券 | 日本国内（都道府県などの地方自治体・国内企業） | 日本 | 日本円 |
|---|---|---|---|
| | 発行体 | 発行市場 | 発行通貨 |
| 外国債券 | | | |

3つのうち、いずれかが外国のもの

## 公共債と民間債の違い

**公共債**

- **日本国債**: 日本国が発行する債券。個人向け国債や利付債（P.96参照）がある。安全性が高いのが特徴。
- **地方債**: 都道府県や政令指定都市が発行する債券。
- **政府機関債**: 政府関係機関や特殊法人が発行する債券。政府保証のあるもの（政府保証債）とないもの（非政府保証債・財投機関債）がある。

**民間債**

- **事業債**: 一般の事業会社が資金調達のために発行する債券。社債とも呼ばれる。
- **転換社債**: 株式に転換する権利（一定の条件を満たせば債券を株式に変えられる権利）が付与されている債券。
- **新株予約権付社債**: 株式が発行されたら、一定の条件のもと株式を取得できる権利の付いた債券。転換社債はいつ株式に転換しても株価が一定なのに対し、新株予約券付社債は株式に転換した際の株価に応じて配当される。

---

**転換社債** 普通社債よりも金利が低いものの、一定の条件のもと株式に転換ができる。新株予約権付社債との違いは、転換時の株価、配当。

KEYWORD

# CHAP 4
## 04 債券の種類② 外国債券

為替変動に注意

> **Point**
> - 発行主体、発行市場、発行通貨のいずれかが海外である債券
> - おもに証券会社で購入できる

### 払い込み、利払い、償還が、円か外貨か

外国債券にもさまざまな種類があります。米ドル等の外貨で購入し、外貨で支払われる債券は外貨建て債券といいます。購入、利払い、償還が、それぞれ円か外貨のいずれで行われるかによって、次の4つに分かれます。

1つはショーグン債。元本払い込み、利払い、償還のすべてが外貨建てで行われる外国債券であり、外国の発行者が日本国内で発行するものです。例えば海外企業が日本国内で米ドル建てにより、利払い等も米ドルで支払う債券を発行した場合が該当します。次はサムライ債。元本払い込み、利払い、償還のすべてが円建てで行われる外国債券であり、国際機関や外国の政府、企業などが日本国内で発行します。円建てのため為替リスクはありません。なお、海外の市場で発行される円建て債券はユーロ円債と呼ばれます。3つ目はデュアル・カレンシー債。元本払い込みと利払いは円、償還は外貨で行われる債券です。円建てと外貨建ての両面の性質、つまり異なる種類の通貨が使われているため「デュアル＝二重」といいます。最後にリバース・デュアル・カレンシー債。払い込みと償還は円、利払いは外貨で行われる債券です。

### 外国債券は、為替変動にも注意

外国債券は日本よりも金利が高いです。とはいえ、為替変動により円高へ振れる、外国における金利の上昇が生じる場合には償還時に損失が発生する可能性があることにも注意が必要です。

外国債券はおもに証券会社で購入可能です。日本円での購入も可能ですし、証券会社によっては外貨での購入も可能です。特定口座か一般口座のどちらで購入するかを選択する必要があります。税金の計算を考慮すると、通常は特定口座で購入するのがよいでしょう。

---

**特定口座** 上場株式や特定公社債などの譲渡で発生した損益に対して、所得税や住民税の納税を簡易的な納税申告手続きで完了できる口座のこと。

KEYWORD

## 外国債券の分類

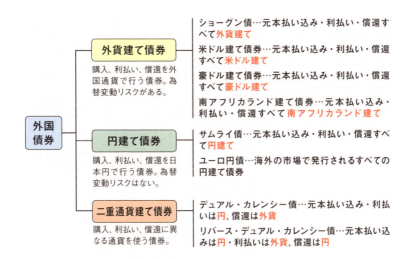

## 為替・金利変動の影響をシミュレーション

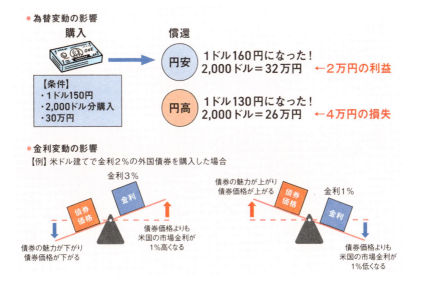

---

**一般口座** 顧客自身が上場株式や債券などの年間譲渡損益を計算し、確定申告を行う口座。未公開株（未上場企業の株式）の取引ができ、将来上場すると大きな利益を得られる可能性がある。

KEYWORD

# CHAP 4
## 05 債券の種類③ 利付・割引債、個人向け国債

個人で買える

> **Point**
> - 利子がつくかつかないかで利付債と割引債に分類される
> - 個人向け国債は1万円から購入でき、元本保証がある

### 割引債は利子相当分安く買える

債券を利子の受け取りという視点から区分けすると、利付債と割引債に大別できます。利付債とは、定期的に利子を受け取ることができる債券のことです。通常の債券は利付債を指すことが多く、国内債券の大部分は利付債として発行されています。一般的には、満期を迎えるまで年2回ずつ利子を受け取ることができます。

割引債は、見た目上は利子がつかないものの、代わりに額面金額から利子に相当する一定額が差し引かれた価格で購入できる債券です。額面金額よりも安く買え、満期になると額面金額が戻ってきます。その差額が利子相当分であり、利益となります。

なお、利付債についている利子のことをクーポンと呼びます。割引債は、クーポンがないため、ゼロクーポン債と呼ばれることもあります。

### 個人向け国債は多くの金融機関で取り扱っている

債券は、証券会社や銀行などの販売金融機関により取り扱いが異なります。特に社債や外国債券は販売する証券会社によって取り扱うものが大きく異なることがあります。それに対して、銀行、証券会社、郵便局などさまざまな金融機関で取り扱っているのが個人向け国債です。個人が購入できる国債であり、満期までの期間が10年のものが変動金利タイプ（半年ごとに金利は見直される）、5年と3年のものが固定金利タイプになります。いずれも1万円から購入でき、発行から1年経過すれば一部または全部を中途換金できます（ただし直前2回分の利子相当額が差し引かれるペナルティあり）。

個人向け国債は、毎月発行されており元本保証もあるため、債券投資の最初の一歩として利用するのに向いています。

---

**中途換金** 満期まで保有せず途中で一部または全部を換金すること。ペナルティが発生するため、どうしても現金化したいときに利用する手段と考えるとよい。

KEYWORD

## 利子別に見る債券の分類

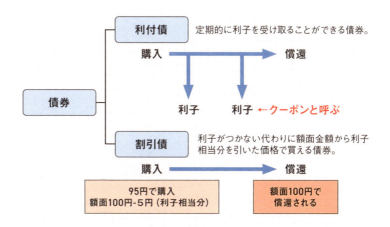

## 個人向け国債の種類

|  | 変動10年 | 固定5年 | 固定3年 |
| --- | --- | --- | --- |
| 償還期限 | 10年 | 5年 | 3年 |
| 金利の種類 | 6カ月ごとの変動金利 | 固定金利 利払いは半年に1回 | |
| 金利水準 | 基準金利×0.66 | 基準金利-0.05% | 基準金利-0.03% |
| 最低保証金利 | 0.05% | | |
| 発行時期 | 毎月 | | |
| 中途換金 | 発行から1年経過後は額面金額で換金できる（直近2回分の利子相当額（税引前）×0.79685の手数料が必要） | | |
| 購入金額 | 10,000円単位 | | |

個人向け国債は、期間によって3種類に分かれる。金利が上昇すると考える場合には、変動金利である期間10年ものに投資するほうがよい。金利がさほど変動しない場合や金利が下落する可能性がある場合には、固定5年や固定3年で運用するとよい。

**元本保証** 投資資金が運用期間中に減少しないよう保証されていること。個人向け国債は国が元本保証をうたっている。

KEYWORD

# CHAP 4
## 06 債券の過去の年間パフォーマンスを知る

傾向から判断

> **Point**
> - 2010年代は債券パフォーマンスが悪化
> - 利下げ環境では債券価格にとってプラスになる可能性も

### 株価が堅調だと債券パフォーマンスは落ちる傾向に

過去のパフォーマンス確認は投資タイミングを見計らううえで重要です。CHAP.3の11で取り上げた、「過去の主要アセットクラスのパフォーマンス」をもとに、債券の過去の年間パフォーマンスを確認していきましょう。

2008～2020年における世界投資適格社債、世界国債のパフォーマンスを見ると、この期間内で株式よりもパフォーマンスがよかったのは2008年、2011年、2018年です。といっても、2018年を見ると世界投資適格社債で-1.7％、世界国債で1.0ですから、シビアに見れば債券パフォーマンスはあまりよくないと判断できます。

一般的には、株式の下落に備えて債券を購入することが多いです。景気がよいときは株価とともに金利も上昇します。債券価格は金利上昇に弱いため、金利上昇により債券価格は下落します。景気が悪いと株価とともに金利も下落することが多いです。この場合、債券価格は上昇します。こうした理屈から、株式と債券の価格は逆相関となるため、株価が堅調なときは債券のパフォーマンスはよくないと考えられます。

もちろん、市場価格の形成は複雑なので、必ずしも逆相関であると言えないときもあります。

### パフォーマンスが悪くても投資が功を奏すこともある

債券投資を行うときには、全世界に影響を与える米国の政策金利に注目しておきましょう。2022年以降、上昇基調だった政策金利の利下げが実施される局面になれば、米国の債券価格は上がり、各国の金利は下がり、各国の債券価格は上昇します。逆に利上げが続けば各国の債券価格は下がります。

いつ何時何があってもよいように、分散投資の一環として債券を組み込むことは決して無駄ではないと言えるのではないでしょうか。

---

**世界投資適格社債** 債券には格付けがある（P.90参照）。世界投資適格社債とは、格付けでAAA～BBBのいずれかにあたる債券のことを指す。

KEYWORD

## 株価上昇時は債券のパフォーマンスは総じてよくない

## CHAP 4 債券投資の考え方、銘柄の選び方

| | 順位 | 先進国株式 | 順位 | 新興国株式 | 順位 | 世界REIT | 順位 | 世界ハイイールド債券 |
|---|---|---|---|---|---|---|---|---|
| 2008 | 5 | -38.7 | 7 | -45.9 | 6 | -42.0 | 3 | -27.1 |
| 2009 | 4 | 25.7 | 1 | 62.3 | 3 | 27.2 | 2 | 60.6 |
| 2010 | 5 | 10.0 | 4 | 14.1 | 1 | 20.9 | 3 | 15.2 |
| 2011 | 5 | -5.5 | 7 | -12.7 | 4 | 2.0 | 3 | 3.1 |
| 2012 | 4 | 15.7 | 3 | 17.0 | 1 | 23.7 | 2 | 18.8 |
| 2013 | 1 | 28.9 | 4 | 3.4 | 3 | 6.0 | 2 | 7.1 |
| 2014 | 2 | 9.8 | 5 | 5.2 | 1 | 27.2 | 6 | 2.5 |
| 2015 | 2 | 2.1 | 6 | -5.8 | 1 | 3.8 | 5 | -2.1 |
| 2016 | 4 | 9.0 | 2 | 9.7 | 5 | 7.7 | 1 | 15.9 |
| 2017 | 2 | 18.5 | 1 | 30.6 | 4 | 5.8 | 3 | 7.6 |
| 2018 | 5 | -7.4 | 6 | -10.1 | 4 | -3.2 | 3 | -2.4 |
| 2019 | 1 | 27.3 | 3 | 18.0 | 2 | 24.1 | 4 | 14.0 |
| 2020 | 2 | 13.5 | 1 | 19.1 | 6 | -9.5 | 4 | 6.3 |

| | 順位 | 世界投資適格社債 | 順位 | 世界国債 | 順位 | コモディティ |
|---|---|---|---|---|---|---|
| 2008 | 2 | -4.7 | 1 | 8.9 | 4 | -36.0 |
| 2009 | 6 | 16.3 | 7 | 0.9 | 5 | 23.5 |
| 2010 | 6 | 7.4 | 7 | 3.6 | 2 | 17.4 |
| 2011 | 2 | 5.2 | 1 | 6.1 | 6 | -8.3 |
| 2012 | 5 | 10.8 | 6 | 4.4 | 7 | -3.4 |
| 2013 | 5 | 0.1 | 6 | -0.4 | 7 | -5.0 |
| 2014 | 4 | 7.8 | 3 | 8.4 | 7 | -17.9 |
| 2015 | 4 | -0.2 | 3 | 1.2 | 7 | -23.4 |
| 2016 | 6 | 5.7 | 7 | 3.0 | 3 | 9.3 |
| 2017 | 5 | 5.2 | 6 | 1.2 | 7 | 0.7 |
| 2018 | 2 | -1.7 | 1 | 1.0 | 7 | -12.4 |
| 2019 | 5 | 11.5 | 7 | 5.4 | 6 | 9.4 |
| 2020 | 3 | 7.7 | 5 | 4.9 | 7 | -9.7 |

※各年の数字は騰落率で単位は%、順位は上昇率の大きい順。世界国債、世界投資適格社債、世界ハイイールド債券はICE BofA グローバルの指数。コモディティはトムソン・ロイター・コアコモディティCRB指数。世界REITはS&P世界REIT指数。先進国株式はMSCI先進国株価指数。新興国株式はMSCI新興国株価指数。コモディティは米ドル建て価格、その他は現地通貨建てトータルリターン指数値。
(出所) Bloombergのデータを元に三井住友DSアセットマネジメント作成
出典:三井住友DSアセットマネジメント「主要アセットクラスの長期パフォーマンス分析」
(2021年12月14日発行)

2010年代における債券のパフォーマンスは総じて悪かったと言えます。ですが、今後の市場動向によっては債券優位となるケースも出てくるかもしれません。新興国のパフォーマンスがよいときは新興国債券も投資対象候補として検討しましょう

**逆相関** 2種類のデータのうち、片方が上昇するともう片方が下落する関係を指す。負の相関ともいう。

KEYWORD

# CHAP 4 07 債券の売買方法はおもに店頭取引

金融機関で買う

> **Point**
> - 債券の売買はほとんどが店頭取引
> - 店頭取引で行われる債券価格にはコストも含まれている

## 取引所取引と店頭取引がある

　債券の売買方法には、証券取引所で売買する取引所取引と、証券会社や銀行などの金融機関と投資家の間で売買を行う店頭取引の2種類があります。上場株式は取引所取引が一般的ですが、債券に関してはほとんどが店頭取引で行われます。

　店頭取引の場合、その金融機関が取り扱う債券のみが売買されます。金融機関によって販売される債券の種類が異なるのです。また、社債などの販売は証券会社に限定され、取引する証券会社によって取引価格が異なることがあります。そのため、実際の取引価格がわかるように、日本証券業協会では社債の店頭取引における実際の取引価格を毎営業日に公表しています。

　また、店頭取引される債券の多くは、株式と異なり価格に必要なコストが含まれているため、債券価格と別に手数料はかかりません。取引所取引の場合には、取引される債券価格とは別に売買委託手数料がかかることになります。

## 新発債と既発債

　債券市場には、発行市場と流通市場があります。発行市場とは、国や企業などにより新しく債券や株式が発行され、投資家が購入する市場のことです。プライマリーマーケットとも呼ばれています。発行市場で新しく発行される債券のことを新発債といいます。発行市場では、資金調達を目的として債券が発行されます。

　対して、既に発行されている債券（既発債）や株式などの有価証券を取引する市場を流通市場といいます。セカンダリーマーケットとも呼ばれます。

　2つの市場がうまく機能することで、妥当な取引価格が形成され、取引が円滑に行われるようになっています。

---

**取引所取引**　証券取引所での取引。東京証券取引所では、国債の通常取引は午後0時30分から午後2時まで行われている。

KEYWORD

## 社債の価格は日本証券業協会のサイトで確認できる

ココからアクセス

出典：日本証券業協会「社債の取引情報」
https://www.jsda.or.jp/shiryoshitsu/toukei/saiken_torihiki/index.html

【実際のページ】

① ココをクリックしてエクセルをダウンロード

② ココが実際の販売価格

## 新発債は発行市場、既発債は流通市場で扱われる

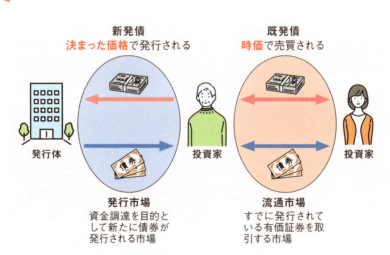

**新発債** 決まった価格で発行される

**既発債** 時価で売買される

発行体 — 投資家 — 投資家

**発行市場** 資金調達を目的として新たに債券が発行される市場

**流通市場** すでに発行されている有価証券を取引する市場

---

**売買委託手数料** 債券や株式などの有価証券を売買する際に、その売買を取り次ぐ金融機関に支払う手数料のこと。

KEYWORD

## CHAP 4
## 08 仕組債はリターンもリスクも大きい

高度な投資

> Point
> ● 仕組債はデリバティブを活用した債券である
> ● よく理解できない場合は投資を控えたほうがよい

### 仕組債はしくみが複雑。よく検討して活用を

　仕組債とは、通常の債券には見られないような特別なしくみを持つ債券のことをいいます。スワップやオプションといったデリバティブのしくみを使うことによって作られます。

　スワップとは、固定金利と変動金利を交換するといった等価のものを交換する取引です。スワップを活用することで、金利が低下する状況でも受け取る利子を増やせるような仕組債を作れます。

　オプションとは、あらかじめ決めた価格で、将来に売買できる権利を指します。オプションを活用することで、株価が一定の価格を下回らなければ高い利子を受け取れるものの、株価が一定の価格を下回った場合には償還金が減額されるような仕組債を作れます。

　通常の債券には、信用リスク、価格変動リスク、為替変動リスク、流動性リスクがあります。仕組債にはこれ以外にも独特のリスクがあります。例えば、あらかじめ定められた参照指標（株価な ど）に基づきクーポン（利子）が決定される仕組債の場合、参照指標の変動次第では受け取れるクーポンが減少するといったリスクがあります。また、あらかじめ定められた参照指標に基づき償還金額が決定される仕組債の場合には、参照指標の変動によっては投資家が受け取る償還金に損失が発生する恐れがあります。

　このように仕組債では、通常の債券よりも高い金利が期待できる反面、リスクは高くなります。種類も多く、アレンジャーを通して投資家が仕組債の組成をオーダーすることも可能ですが、条件などもよく確認する必要があります。

　一般的には1,000万円以上からの投資となるケースが多いです。そうした点を理解したうえで、必要に応じて活用しましょう。とはいえ、仕組債は投資に慣れてから取り入れたほうがよいでしょう。しくみが複雑なので、まずは通常の債券を投資対象に含めるべきといえます。

---

**デリバティブ**　金融派生商品のこと。金利や株式、債券、通貨などから編み出された金融商品を指す。元の商品を原資産という。

KEYWORD

## 仕組債の発行と販売の流れ

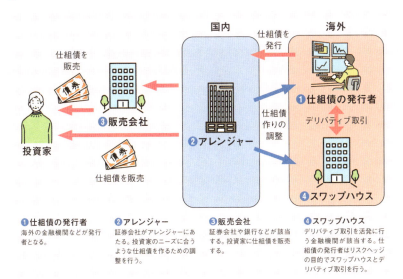

## 仕組債はリターンもリスクも大きい

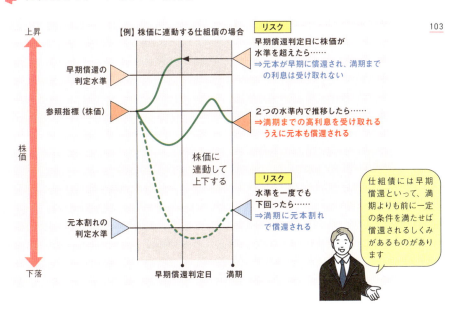

**流動性リスク** マーケットの混乱や債券発行企業の財務状況の悪化などにともない、市場での売買が難しくなるリスクを指す。

COLUMN 4
# 債券の格付けの考え方

## 信用リスクを図る度合いとして格付けがある

債券を発行する国や企業などの信用リスクを図る尺度として、格付けがあります。格付けは、外部の第三者機関である格付機関が返済能力を判断するものであり、アルファベットの記号を用いてランク付けします。

格付けは民間企業である国内外の格付会社が付与しています。代表的な海外の格付け会社にはムーディーズ・インベスターズ・サービス、S&Pグローバル・レーティング(以下、S&P)、フィッチ・レーティングスがあります。国内では格付投資情報センター(R&I)、日本格付研究所(JCR)があります。

1つの事例として、S&Pの格付けを確認していきましょう。S&Pの格付けのうち、一般的な目的で使用される格付けには個別債務格付けと発行体格付けがあります。個別債務格付けとは、社債や地方債などの個別債務を格付けするものです。S&Pは通常、発行体やその他の情報源から得た情報を活用し、その債務の信用力や債務不履行の可能性を評価します。発行体格付けとは、事業会社や政府、地方自治体といった発行体信用力の評価に際して、債務を条件に従って期日通りに履行する債務者の能力と意思を評価するものです。

## BBBまでが投資適格債と呼ばれている

S&Pでは、AAA、AA、A、BBB、BBといったAAAからDまでの評価基準があります。債務を履行する能力が極めて高いと評価されると、S&Pの最上位の格付けAAA(トリプルエー)が付されます。最も低い評価はDです。債務の支払いが行われていないか、想定された約束に違反がある場合が該当します。また、破産申請あるいはそれに類似した手続きが取られた場合にもDが用いられます。このほか、AAからCCCまでの格付けにはプラス記号またはマイナス記号が付されることがあり、それぞれ各カテゴリーの中での相対的な強さを表します。AA+とAA-であればAA+のほうが評価は高くなります。一般的にBBB以上の格付けの債券を投資適格債と呼び、相対的に見て信用力が高く、債務不履行リスクの低い債券を指します。

投資家は格付けを、投資を行う際の目安としています。

CHAP 5

# 投資信託の考え方、銘柄の選び方

> 本章では、投資信託の種類や購入手順などについて解説します。投資信託を活用すれば、さまざまな金融商品に投資できるのが大きな魅力。投資信託商品の選び方や比較方法とあわせてお伝えします。

# CHAP 5
## 01 そもそも投資信託とは？投資信託のメリット・デメリット

投資信託の基本

> **Point**
> ● 投資信託はプロが運用するため、気軽に投資することができる
> ● コスト面と運用パフォーマンスをしっかり比較する

### 投資信託は1万円程度から気軽に投資が可能

投資信託とは、投資家から集めた資金をもとに、ファンドマネージャーと呼ばれるプロが運用を行う金融商品です。よく投資のはじめの一歩として紹介されます。これは、運用をプロに任せることができ、1万円程度の投資から始められるためです。投資信託が扱うものは株式や債券、貴金属、不動産などさまざまです。種類がたくさんあることで投資へのハードルが下がるほか、分散投資も可能となります（ファンドマネージャーが分散投資するため）。

投資信託では株式投資と同様に①インカムゲイン（分配金）と②キャピタルゲイン（売却益）が得られます。

①は投資の実績によって投資家に分配されるお金です。額は運用会社が決算の結果によって決定します。結果次第では分配金が出ないこともあります。②は投資信託を売却することで得られるお金です。投資信託の基準価額（1口あたりの価格のこと）は変動します。購入したときよりも基準価額が上がったときに売却すれば利益が得られます。

また、運用期間のある投資信託もあります。期間を終えて償還日になればお金が戻ります。購入価格とプラスの差額が出れば、償還益となります。

### 信託報酬などの手数料に注意が必要

一方、デメリットもあります。まず、募集手数料（P.112参照）、信託報酬、信託財産留保額といった手数料がかかること。このうち募集手数料と信託財産留保額は手数料がかからないものもあるため、同じ投資信託なら信託報酬はできるだけ低いものから選定を。

また、プロに任せたからといって必ず運用パフォーマンスが上がるわけではありません。過去の運用状況や同種類のなかでのパフォーマンスを比較したうえで、投資信託を選定しましょう。

---

**投資信託** 投資信託は「ファンド」と呼ばれることも多い。ファンドとは、正しくは「資金を集めて運用するしくみ」のことを指し、投資信託とは、「運用をプロに託す」ことを意味する。

KEYWORD

## 投資信託のしくみ

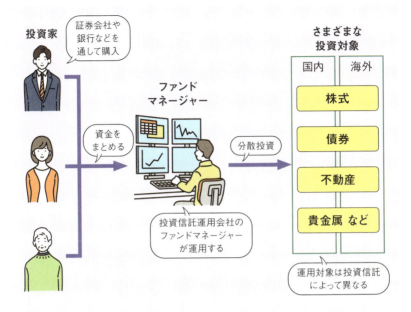

## 投資信託のインカムゲインとキャピタルゲイン

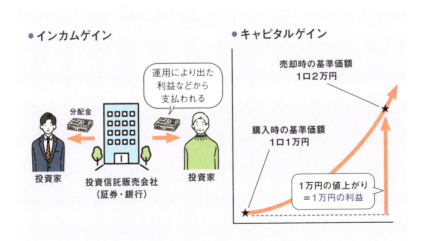

**信託報酬**と**信託財産留保額** 信託報酬は、日々の運用や管理費用として徴収される。一方、信託財産留保額は解約する際にかかる費用を指す。

KEYWORD

# CHAP 5
## 02 投資信託の種類① インデックスとアクティブ

投資信託の分類

**Point**
- 運用方針の違いによりインデックスとアクティブに分けられる
- 目利きができれば優秀なアクティブファンドの発掘も可能

### 運用方針の違いでインデックスとアクティブに分類

投資信託は、運用方針の違いにより、インデックスファンドとアクティブファンドに分けられます。**インデックスファンドとは、日経平均株価やニューヨークダウなど特定の株価指数に連動するように作られている投資信託**です。信託報酬などはアクティブファンドに比べて低く設定されていることが多く、特定の指数に連動するため市場平均を狙った運用に活用できます。

一方、**アクティブファンドは、特定の株価指数を上回るリターンを目指す投資信託**です。アクティブファンドには、企業調査や分析などを通じて投資対象を選定していく**ボトムアップアプローチ**に基づく方法と、世界の経済情勢・金利情勢などから投資すべき国や産業を選定したうえで投資対象を選定する**トップダウンアプローチ**に基づく方法があります。いずれにせよ、ファンドマネージャーのスキルが運用成績を左右します。信託報酬などの手数料はインデックスファンドに比べて高く設定されることが多いです。

### インデックスがアクティブに勝つケースが多い

インデックスファンドとアクティブファンド、どちらを購入するのがよいのでしょうか。右ページ図の金融庁「資産運用業高度化プログレスレポート2023」によれば、2022年12月末時点における、米国・欧州・日本の各地域の大型株に投資するアクティブファンドは、コスト控除後で見ると各地域のベンチマーク（インデックス）よりも運用成績で負けているケースのほうが多いことがわかっています。3年、5年、10年のいずれで見てもインデックスがアクティブに勝っているケースが多いのです。そのため、**投資初心者はインデックスファンドが無難**といえるかもしれません。

---

**ボトムアップアプローチ** 株価が割安なバリュー株や成長率の高いグロース株などから投資信託の組み入れ銘柄を選定する方法。

KEYWORD

## アクティブが必ずしも運用成績がよいわけではない

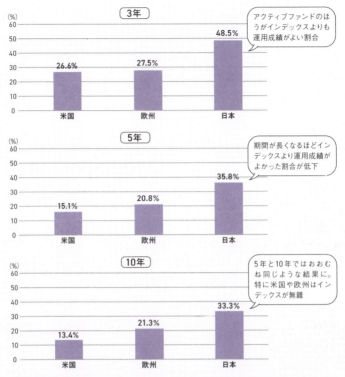

**3年**

- 米国 26.6%
- 欧州 27.5%
- 日本 48.5%

アクティブファンドのほうがインデックスよりも運用成績がよい割合

**5年**

- 米国 15.1%
- 欧州 20.8%
- 日本 35.8%

期間が長くなるほどインデックスより運用成績がよかった割合が低下

**10年**

- 米国 13.4%
- 欧州 21.3%
- 日本 33.3%

5年と10年ではおおむね同じような結果に。特に米国や欧州はインデックスが無難

出典：金融庁「資産運用業高度化プログレスレポート 2023」日米欧の自国大型株式アクティブファンドの超過リターン勝率

3年、5年、10年のいずれで見ても、アクティブファンドがインデックスよりも運用成績がよかった割合が低いことがわかる。

**要因**

**信託報酬などの手数料がリターンの低下につながっている**

日本に関しては米国や欧州よりもアクティブファンドの勝率は高くなっているため、必ずしもアクティブファンドがよくないわけではありません。目利きができれば、キラリと光るアクティブファンドを選定することも可能です

---

**トップダウンアプローチ** マクロ的な視点から経済動向などの分析を行い、投資対象国・地域を決め、最終的に投資企業をしぼる方法。

KEYWORD

# CHAP 5 03 投資信託の種類② 単位型・追加型・ターゲットイヤー型

追加型が多い

> **Point**
> - 単位型は購入期間が限られ、追加型はいつでも購入できる
> - 年齢や目標に合わせて資産を自動配分するターゲットイヤー型もある

## 日本で販売されている投資信託の多くは追加型

投資信託を購入できるタイミングという視点から分類すると、**単位型**と追加型の投資信託に分けられます。単位型は、投資信託が新たに設定される前のみに購入できるもの。つまり、購入期間が当初の募集期間に限定されている投資信託です。単位型では、同じ性格の投資信託を定期的に設定する**定時定型**と呼ばれるタイプと、その時々の経済状況等に応じて単発的に募集するスポット型の2種類があります。

一方、追加型とは、投資信託が設定された後にも購入できるもの。設定時だけではなく、後からも購入できるため追加型と呼ばれています。日本で販売されている投資信託の多くは追加型です。追加型はいつでも自由に売買できるほか、信託期間が無期限など単位型に比べて長く設定されていることが特徴です。そのため、一般的には中長期投資の一環として追加型の投資信託を活用することが考えられます。

## 時間の経過で資産配分が調整されるターゲットイヤー型

運用できる期間という視点から分類する方法もあります。例えば、**ターゲットイヤー型**と呼ばれる投資信託は、定年などの特定の退職年を目標に設計されるものであり、時間の経過とともに資産配分が自動的に調整されます。

**2040年を目標とするターゲットイヤー型**の場合、2040年に老後資金や目標として構築したい資金を確保することを目指したものです。若い頃は積極的な運用を行いつつ、年齢が上がるにつれて株式の比率を減らしていき、代わりに債券や現預金などの低リスク商品の運用比率を高めていきます。1つの投資信託で、自動的に配分調整を行ってくれるため、投資の知識に乏しい人でも老後資金を確保したいといったニーズを満たす投資信託です。

---

**定時定型** 同じ投資方針で定期的に発売される投資信託。ただし、昨今では定時定型の投資信託は設定されていない。

KEYWORD

## 単位型と追加型の違い

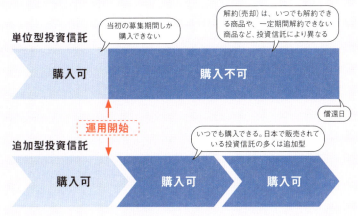

単位型投資信託は、当初の募集期間しか購入できない。償還日もあらかじめ決まっていて、数年で償還を迎えるものが多い。それに対して追加型投資信託は、いつでも購入が可能。積立投資を行う場合は追加型の投資信託から選定するとよい。

## ターゲットイヤー型の資産配分の変化例

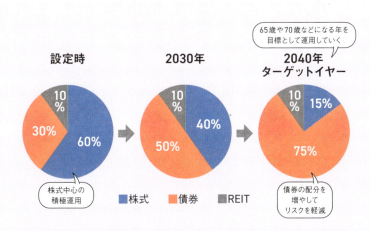

上記は2020年に設定され、2040年を目標とするターゲットイヤー型の投資信託。ターゲットイヤー型では、徐々にリスクを減らしていく運用が行われる。

---

**信託期間** 投資信託の設定日から償還日までの期間。あらかじめ信託期間が決まっているものと、無期限のものがある。

KEYWORD

# CHAP 5 04 投資信託にかかるコストを比較する

信託報酬を確認

> **Point**
> - 募集手数料と信託報酬はできるだけ低いものを選ぶ
> - 必ずかかるコストは信託報酬。中長期投資では必ず確認する

## 投資信託の3つのコストを理解する

投資信託でかかるコストは、募集（販売）手数料、信託報酬、信託財産留保額の3つ。このうち、販売する金融機関によって異なるのが募集手数料です。これは販売時にかかる手数料であり、同じ投資信託商品でも金融機関によって無料の場合もあれば、そうではない場合もあります。投資信託を選定する際は、募集手数料が無料または低く販売する金融機関から購入しましょう。

信託報酬は運用管理費用であるため、同じ投資信託商品であればどこで購入してもかかるコストは同じです。そのため同じ種類の信託報酬を比較し、できるだけ低い銘柄を選ぶべきです。ただし、コストが低ければなんでもよいわけではありません。比較サイトなどを活用して、過去の運用パフォーマンスも確認しましょう。

また、純資産総額が多い投資信託のほうがさまざまな株式や債券などに投資できるため、分散によるリスクヘッジの効果は大きくなります。純資産総額が少なく、解約する人が多い投資信託では継続的な運用が難しく、場合によっては償還となる恐れがあります。

## 中長期投資では信託報酬が負担になる

信託財産留保額は、解約時にかかるコストです。この信託財産留保額は、解約によって、投資信託を保有し続けるほかの投資家に迷惑がかからないようにするための費用です。一般的には、基準価額の0.3％程度がかかります。なかには信託財産留保額がかからない投資信託もあります。

中長期投資で、最も負担となるのは信託報酬です。毎年かかるコストのため、長く保有するほど負担が大きくなります。先述のとおり、インデックス型のほうがアクティブ型よりも信託報酬は低い傾向があります。

---

**純資産総額** 投資信託に組み込まれている株式などの資産から、すでに発生している運用費用などの負債を控除した時価総額のこと。

KEYWORD

# 投資信託にかかるコストを比較する

例えば、価格.comの手数料無料（ノーロード）ランキングを利用すれば、募集手数料が無料の投資信託から選定が可能。毎年かかるコストである信託報酬、一定期間内で基準価額がどの程度変動したかを示す騰落率（P.114参照）などをもとに投資したい投資信託を探すことができる。

出典：価格.com 投資・資産運用「手数料無料（ノーロード）ランキング（投資信託検索結果）」

ココからアクセス

出典：価格.com「手数料無料（ノーロード）ランキング（投資信託検索結果）」
https://kakaku.com/fund/result.asp?si_feelowerto=0

コストは低いほうがよいですが、金融機関のコンサルティングを受け、そのうえで投資信託を選定していく場合は、その対価として募集手数料を支払うという考え方もあってよいと思います

---

**償還** 投資信託や債券などが満期を迎え、投資家にお金を返還すること。満期の前に投資信託を償還することを繰り上げ償還、債券の場合は途中償還と呼ぶ。

KEYWORD

# 投資信託の実際のパフォーマンスを比較する

CHAP 5
05
投信の運用評価

**Point**
- コストだけではなく、実際の運用パフォーマンスも比較する
- 投資信託の評価会社が独自基準で評価するレーティングも参考になる

## 同種の投資信託をもとにパフォーマンスを比較する

投資信託を比較するにあたって、実際の運用パフォーマンスも比較検討する必要があります。パフォーマンス評価は、騰落率やベンチマークとの比較、シャープレシオなどによる運用効率の比較などで行います。

騰落率は、投資信託の基準価額が一定期間でどの程度変動したかを見る指標です。分配金が支払われた場合には、その分配金も考慮して騰落率は計算されます。できれば1年、3年、5年などで比較できるとよいでしょう。

次に、ベンチマークとの比較です。ベンチマークには、市場全体の平均を示す指数である日経平均株価などが利用されます。ベンチマークに対して、投資信託がどの程度の騰落率であったかを比較しましょう。インデックス型の場合は、ベンチマークと同じような騰落率であること、アクティブ型の場合は、ベンチマーク以上の騰落率となっているかどうかを確認します。

## シャープレシオやレーティングを確認する

騰落率やベンチマークとの比較は、投信会社のレポート（運用報告書）などで確認できますが、これらに加えて投信情報サイトなどを利用するとシャープレシオの比較が行えます。シャープレシオとは、リスクに対してどれだけリターンを上げられたかを見る指標です。シャープレシオの数字が同種の投資信託よりも高いと、小さい値動き（リスク）で大きな基準価額の値上がりを実現したことを意味し、運用効率の高い投資信託であると評価できます。こうした実際のパフォーマンスを総合的に評価し、投資信託の評価会社が独自の基準で算出しているのがレーティングです。こうしたパフォーマンス比較を活用し、購入する投資信託を選定していくとよいでしょう。

---

**分配金** 投資信託の運用資産の一部を取り崩して投資家に支払うお金のこと。分配金を支払わない投資信託もある。

KEYWORD

## 投資信託のパフォーマンスを確認する（eMAXIS Slim 国内株式（日経平均））

出典：eMAXIS Slim 国内株式（日経平均）「交付運用報告書」

- ベンチマークである日経平均株価とほぼ同じ動きをしていることがわかる
- 投資信託の騰落率はベンチマークの騰落率よりも0.2％下回っている
- 年0.143％の信託報酬を含むコスト分だけベンチマークの騰落率よりも下がっている

信託報酬が高いと中長期的なパフォーマンスを引き下げる要因となりかねないことがわかります。同じ種類の中であれば、信託報酬はできるだけ低い商品を選びましょう

## レーティングでパフォーマンスの総合評価を確認する

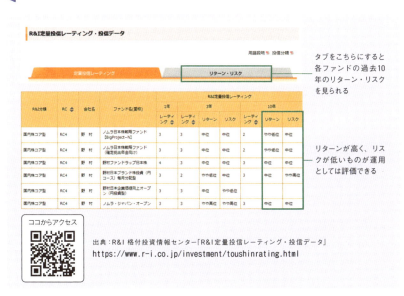

出典：R&I 格付投資情報センター「R&I定量投信レーティング・投信データ」
https://www.r-i.co.jp/investment/toushinrating.html

タブをこちらにすると各ファンドの過去10年のリターン・リスクを見られる

リターンが高く、リスクが低いものが運用としては評価できる

**レーティング** 投資の判断材料を段階評価（格付け）すること。格付投資情報センター（R&I）が算出する5段階評価のレーティングがよく知られ、★5つが最も高い評価である。

# 投資信託の目論見書や運用報告書の確認の仕方

CHAP 5 - 06
運用状況の確認

> **Point**
> - 目論見書を確認し、どんな投資信託かを理解する
> - 運用報告書を確認し、投資信託の運用状況を把握する

## 購入前に目論見書、購入後は運用報告書を確認する

投資信託の目論見書とは、その投資信託の特色や運用方針などが示されているものです。いわば、投資信託の説明書といえます。投資信託を購入する前に必ず交付されるのが交付目論見書。特に確認したいのが、ファンドの目的・特色、リスク、運用実績（追加型の投資信託の場合）、手数料の部分です。

ファンドの目的・特色部分には、何に投資するのか、どんな投資成果を目指すのかが記載されています。

次に、投資リスク部分です。何に投資するかによって記載される投資リスクが異なります。損失が発生する可能性のあるリスクを確認し、ほかの投資信託を組み合わせる際の参考にします。

運用実績では、過去の状況や分配金の有無を確認しましょう。中長期投資の場合、同じ投資信託では分配金を出していないもののほうがリターンは高くなる傾向があるため（P.120参照）、そういったものを選択したほうがよいでしょう。純資産総額や手数料に関しても目論見書に記載されています。

## 運用状況を確認して6カ月に1回程度は見直しを行う

運用報告書では、運用期間中の実績などが示されています。ベンチマークに比べてどうだったか、その差異の要因なども示されています。このほかにも、投資環境などの状況説明、分配金の支払い状況なども確認できます。

運用に関しては月報が掲載される場合があります。月報を確認することで毎月の運用状況を把握することもできます。

交付目論見書をもとに投資信託を選定し、実際に運用し始めたら運用報告書または月報で状況を確認していきます。6カ月に1回程度は、今のままの運用でよいのかどうか検討するとよいでしょう。

---

**月報** 運用会社が任意で毎月発行する運用レポート。最新の月報を確認することで、直近のベンチマークとの比較、資産構成、販売会社などが確認できる。

KEYWORD

## 💰 目論見書と運用報告書

〈交付目論見書〉
・投資信託の購入前に必ず交付される
・目的や特色、リスク、運用実績、手数料などが確認できる

〈運用報告書〉

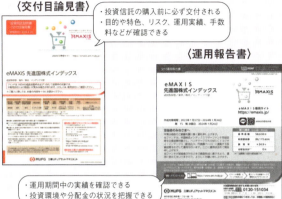

・運用期間中の実績を確認できる
・投資環境や分配金の状況を把握できる

「eMAXIS」は、三菱UFJアセットマネジメントが提供するインデックスファンドシリーズ。購入時手数料が無料などコスト面で優れており、人気が高い

出典：三菱UFJアセットマネジメント「eMAXIS 先進国株式インデックス」

## 💰 目論見書と運用報告書の確認手順

### ①ファンドの目的・特色を確認

 ・何に投資するのか　・どんな投資成果を目指すのか　・分配金は出るのか

【eMAXIS 先進国株式インデックスの場合】
MSCI Kokusai Index（円換算ベース）に連動する投資成果を目指し、日本を除く先進国の株式に投資することがわかる。為替ヘッジは行わないため、円安になれば為替差益が生じることになる。年1回の決算時に分配金額を決定するものの、原則抑制方針であることがわかる（中長期投資には分配金支払いはないほうが最適）。

### ②投資リスクを確認

 ・どんなリスクがあるか（投資するものによってリスクが異なる）
・損失が出る可能性のあるリスクはどれか
⇒これらのリスク軽減のために、組み合わせるとよい投資信託を検討する

【eMAXIS 先進国株式インデックスの場合】
米国への投資比率が74.3％（2023年9月時点）と高いため、米国の経済情勢に左右される側面が強い。

### ③運用実績を確認

 ・過去の運用実績はどうか　・分配金はあるか

【eMAXIS 先進国株式インデックスの場合】
分配金を出していないことがわかる。

### ④手数料を確認

・金融機関ごとに確認する
・信託報酬が高くないかを確認する※

【eMAXIS 先進国株式インデックスの場合】
信託報酬は年0.66％以内であることがわかる（年1％未満であれば比較的低いといえる）。

※iDeCoの場合は基本的に販売手数料は無料

# 実際に投資信託を購入してみる

CHAP 5 / 07 投資信託の購入

> **Point**
> ● 購入したい投資信託を決め、口座に入金する
> ● 金額など購入内容を決め、購入を実行する

## どの金融機関を利用しても売買の基本的な流れは同じ

購入したい投資信託が決まったら、次は実際に購入していきましょう。証券会社など自身が利用している金融機関の証券口座等に入金し、投資信託を購入していきます。以下、SBI証券で投資信託を売買するケースで解説していきますが、どの金融機関を利用しても基本的な流れは同様です。

SBI証券のホームページから自身の口座にログイン後、【投信】をクリックします。購入する投資信託が決まっている場合には「検索」にファンド名を入力。販売金額など人気商品から探す場合には投資信託ランキングから買いたい投資信託を探します。今回は、「ニッセイー＜購入・換金手数料なし＞ニッセイNASDAQ100インデックスファンド」を購入するとします。

## 購入の流れをつかみ実践してみよう

SBI証券の場合、金額買付、口数買付、積立買付が可能です。一度だけ購入する場合は金額買付または口数買付を選びます。毎月コツコツ買っていくといった場合には積立買付を選択してください。その後、目論見書を確認し、問題がなければ【同意して次へ】ボタンをクリックします。金額買付を選んだ場合には、購入金額を設定しましょう。また、分配金を受け取る場合は「受取」、受け取る分配金を再投資に回す場合は「再投資」を選択してください。中長期投資の場合は再投資を選んだほうが複利効果を期待できます。

最後に、取引パスワードを入力し、注文確認画面にて再確認を行って購入する流れになります。なお、売却の場合は、保有する投資信託から売却ボタンを選択することで売却できます。売却の場合には、全部売却するのか、一部売却するのかを選択可能です。

---

**口数買付** 投資信託の単位である口数で購入する。基準価額が変動するため、口数買付では毎回金額が異なることになる。

KEYWORD

# 投資信託を購入する手順（SBI証券での購入例）

### ①口座にログインする
自身の口座にログインしたら「投信」をクリック。

### ②購入したい投資信託を選択する
人気ランキングなどを参考に、購入したい投資信託を探す。購入したい投資信託が決まっている場合は検索フォームにファンド名を入力してもOK。

### ③買付方法を選択する
購入したい投資信託を決めたら、買付・積立から買付方法を選択する。その際に目論見書を確認する。

### ④金額や口数などを選択して購入する
購入したい金額や口数などを選択。取引パスワードを入力すると購入できる。分配金は長期投資の場合、再投資の選択を。

出典：SBI証券「投資信託」

証券会社や銀行などの窓口で購入する場合は、担当者が購入方法を説明してくれます

**KEYWORD**
**複利効果** 運用で得た収益を再投資することで、いわば利息が利息を生んでふくらんでいく効果のこと。投資信託の場合、分配金を再投資することで、分配金を運用してさらに資産を増やす。

# 投資信託における
# トータルリターンの考え方

**Point**
- 売却益だけではなく受け取った分配金も考慮するのがトータルリターン
- 今後は株式や債券でもトータルリターンの考え方が一般的になる

## 分配金の出る投信は特にトータルリターンを確認する

投資信託における実際の利益がどれくらいかを考えるには、トータルリターンの考え方を理解する必要があります。トータルリターンとは、投資家が投資した投資信託の運用成績を示すもので、受け取った分配金（税引後）の合計と売却益（手数料等差引後）を足し合わせて計算します。このトータルリターンがプラスとなっていれば、実際に利益が出ていることを意味します。

また、分配金が出る投資信託は基準価額が下がり、当初の購入金額に比べて保有する投資信託の評価金額が下がることがあります。受け取った分配金を考慮せずに投資信託の評価金額を見ると、大きくマイナスになることがあるということです。しかし、これは必ずしも損失というわけではありません。
受け取った分配金も考慮し、利益が出ているかどうかを確認しましょう。

## トータルリターンを定期的に確認する

現在はトータルリターン通知制度があるため、自分が保有する投資信託の損益が金融機関から書面などで届きます。それを見れば定期的にトータルリターンを確認できますし、インターネット証券であれば日々のトータルリターンも確認できます。

分配金が出ない投資信託の場合は単純に売却益だけを確認すればよいですが、分配金の出る投資信託の場合はトータルリターンを確認する必要があります。

最近では、投資信託以外に、株式や債券などに関してもトータルリターンを確認できる金融機関も出てきています。今後はトータルリターンの考え方が投資家の間で定着していくものと考えられます。

---

**基準価額** 分配金は投資信託の信託財産から支払われる。つまり投資信託の販売会社の「純資産総額」が減少する。そのため基準価額は下がる。

KEYWORD

## トータルリターンの考え方

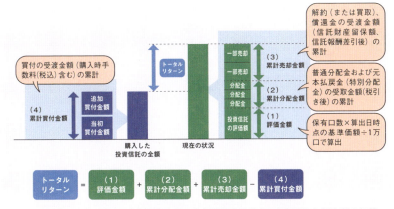

トータルリターンは、現状の(1)評価金額に(2)累計分配金額と(3)累計売却金額を加算し、(4)累計買付金額を差し引くことで求められる。これにより、売買損益だけではなく、受け取った分配金も考慮した実質的な利益がどれくらいなのかを確認できる。

出典：三井住友DS投信直販ネット「トータルリターン通知ってなに？」

## トータルリターンの計算例

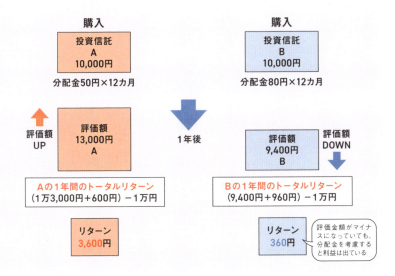

※手数料や分配金にかかる税金は考慮していない

**トータルリターン通知制度** 投資家が保有する投資信託のトータルリターンを1年に1回以上、証券会社が投資家に通知しなければならない制度。運用損益や分配金の累計等を投資信託ごとに確認できる。

# CHAP 5 09 投資信託の活用方法（新興国・海外投資など）

世界中に投資

> **Point**
> ● 投資信託を活用して世界中に投資することが可能
> ● 投資信託の約定日に注意する

## 投資信託を使えば世界中に投資できる

投資信託をうまく活用すれば、さまざまな運用方法が可能です。例えば、「世界中に投資する」「国内は株式投資を行い、海外投資は投資信託を活用する」などの方法が考えられます。その他、個人投資家では現物株式取引が難しいインドなどの投資信託を活用するといった方法も考えられます。一般的には、海外投資は言語、取引の仕方、時差などのハードルがあるため、投資信託を活用するのが無難です。

仮に投資信託でポートフォリオを作成するとした場合、ステート・ストリート・グローバル・アドバイザーズが設定する「全世界株式インデックス・ファンド」を購入するだけで、日本を含む全世界に投資を行うことができます。

また、三菱UFJアセットマネジメントが設定する「eMAXIS 全世界株式インデックス」に投資すると日本を除く全世界に投資できます。こちらは、国内株式は株式取引をしたいといった人が活用するとよいでしょう。

このように、名前の似た投資信託でも、日本を含むのかどうかなどの違いがあるため注意が必要です。

## 投資対象によって約定日が異なる

日本株式など国内に投資する投資信託の場合は、一般的に申込日と約定日が同じとなります。これに対して、投資対象が海外である投資信託の場合には、申込日の翌営業日が約定日となります。

ただし、申し込みの締め切り時間より後に申し込んだ場合には、翌営業日または翌々営業日が約定日となります。申し込み時間、国内か海外かなど投資対象によって約定日が異なるため、投資信託は今日申し込んだからといって今日の基準価額で買えるとは限らないので注意しましょう。

---

**ポートフォリオ** 運用資産の組み合わせやその比率のこと。リスク分散を行いながら運用パフォーマンスを高めるため、定期的に見直しを行うとよい（P.190参照）。

KEYWORD

## 投資信託の約定日は投資対象によって異なる

### ●日本市場に投資（運用）する投資信託の場合

営業日の当日 → 翌日

**〜15時まで（注文締切時間）**
購入・売却の注文
※注文締切時間が15時でない投資信託もある

**〜20時まで**
・日本市場の対象資産の当日終値等（15時）が決定
・運用会社が基準価額を算出
・約定単価が決定

**6時頃**
保有商品の残高反映

日本株式や日本債券で運用する投資信託の場合、一般的には15時までに申し込みを行うとその日の20時までに公表される基準価額で購入できる。15時を過ぎてからの注文は翌営業日の20時までに公表される基準価額での購入となる。

### ●海外市場に投資（運用）する投資信託の場合

営業日の当日 → 翌営業日 → 翌日

**〜15時まで（注文締切時間）**
購入・売却の注文
※注文締切時間が15時でない投資信託もある

**〜20時まで**
・運用会社が基準価額を算出
・約定単価が決定

**6時頃**
保有商品の残高反映

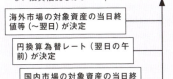

海外に投資する投資信託の場合、時差の関係により、一般的には15時までに申し込みを行うとその翌営業日の20時までに公表される基準価額で購入できる。15時以降の注文は翌々営業日の20時までに公表される基準価額で購入となる。

---

**約定日** 購入や売却の取引が成立する日。投資信託の場合、申し込んだ時間によって約定日が変わる。特に投資対象が海外の場合は注意が必要。

KEYWORD

COLUMN 5
# アクティブがインデックスに勝つとき

## 多くのアクティブ型投資信託はインデックス型に負ける

アクティブ型の投資信託の多くはインデックス型の運用パフォーマンスに負ける。この点は、さまざまな国・地域の投資信託で証明されています。しかし、中にはアクティブ型の投資信託がインデックス型よりも運用パフォーマンスがよいケースがあります。

まず、業種をしぼった投資信託です。半導体やインフラなど、業種をしぼって投資する投資信託の場合、組み入れ銘柄（ファンドに組み込まれた銘柄）が少なく、1企業あたりの投資比率が大きくなる傾向があります。そのため、投資先の一部でストップ高（株価が上がりきった状態）となるなど株価が大幅に上昇する場合には、インデックス型よりも運用パフォーマンスがよくなる可能性があります。

次に中小型株ファンドです。中小型株ファンドでは、今後成長が期待できる企業をいかに発掘できるかが、その後の運用パフォーマンスを左右します。投資先の選定には、調査部門のリサーチ情報、アナリストによる調査・分析、ファンドマネージャーの運用スタイルなどがモノをいうことになります。リサーチ力がすぐれており、投資先が大きく飛躍すると、中長期的に中小型株の運用パフォーマンスはよくなる傾向があります。日経平均株価に連動する投資信託に比べるとリスクは高くなる傾向にありますが、そのぶんリターンも大きくなる可能性が高いです。

## 手数料が高いものでも高い運用実績を誇るケースも一部ある

こうした特徴のあるアクティブ型の投資信託から、過去のパフォーマンスを比較し、投資したい投資信託をしぼっていく方法も検討できます。信託報酬などの手数料がインデックス型より高くても、それなりの実績を残しているアクティブ型の投資信託も少なからずあります。そうした投資信託を探し当てるには、みなさんの目利きが必要です。探し当てることが難しい場合には、インデックス型の投資信託を選定していきましょう。

なお、インデックス型であればなんでもよいわけではありません。結局、今後成長できる国や地域、業種などに投資をしなければ運用パフォーマンスは向上しません。その点を忘れずに。

CHAP

# 6

# 不動産投資、その他の金融商品の考え方、選び方

本章では、不動産投資(REITを含む)やコモディティ投資をはじめ、さまざまな金融商品について解説します。また、近年注目されている投資手法や、大きなリターンを狙える金融商品などもあわせてお伝えします。

# 不動産投資ってどんなもの？

> **Point**
> ● 不動産投資では、家賃収入と売却益を得ることが可能
> ● 不動産投資は、ミドルリスク・ミドルリターンの性格を持つ

## さまざまな種類の中から投資対象を決める必要がある

不動産投資とは、購入した土地や建物を貸し出して家賃収入を得たり、売却することで売却益を得たりする投資です。不動産は実際に購入しようとすると数千万円〜数億円といった資金が必要となることが多いため、一般的には、投資家は保有する自己資金だけではなく、銀行などの金融機関から融資を受けることで不動産を購入します。

不動産投資は、投資家自身で土地や建物を購入する現物不動産投資と、運用をプロに任せるREIT（P.133図参照）や小口化不動産などに大別できます。

また、不動産にもさまざまな種類があります。例えば、アパートやマンション一棟に投資するものもあれば、ワンルームなど区分に投資するものもあります。また、商業ビルや一戸建てへの投資など投資対象は多岐にわたるため、「どんな不動産に投資したいか」「どこの場所にある物件に投資するか」といった、詳細な物件選びが必要です。

## 不動産投資はミドルリスク・ミドルリターン

不動産投資を行う目的には、収入を得る手段のほかに、節税対策や相続対策などが挙げられます。また、不動産投資を副業として行い、「サラリーマン大家さん」と呼ばれる人もいます。自身の住んでいる地域やその周辺であれば、賃貸需要がどれぐらいあるのか見込むこともできることでしょう。そうした強みを活かして始める人もいます。

不動産投資は、投資元本の保証はないものの、定期的な家賃収入によりコツコツ収入を得ることも可能です。また、不動産市況次第では売却益を見込めます。実物資産であるため価値が0円になることはほとんどありません。

こうした点から、株式などの投資と比較して、ミドルリスク・ミドルリターンの金融商品といわれます。

---

**自己資金** 不動産投資を始めるにあたって投資家自身が準備する資金。自己資金が多いほど融資額は少なくて済む。

KEYWORD

## 不動産投資は家賃収入と売買益が狙える

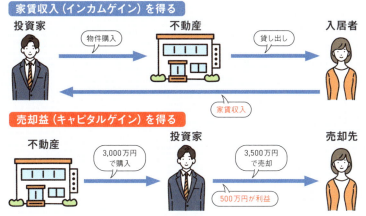

不動産投資におけるインカムゲインとは、家賃収入のこと。定期的に家賃収入を得ることで、安定収入を得られるしくみができあがる。一方、キャピタルゲインとは、不動産の売却益のこと。不動産市況によっては、買った値段よりも高く売れることがある。

## 不動産投資はミドルリスク・ミドルリターン

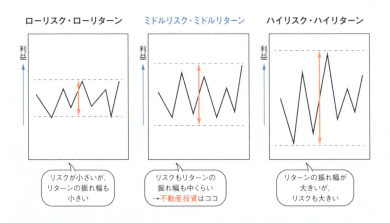

ある程度の収益が見込め、かつ株式などのハイリスク・ハイリターンな投資よりはリスクが抑えられることからミドルリスク・ミドルリターンの投資であるといわれている。

---

**REIT** 投資家から集めた資金をもとに不動産に投資し、賃貸収入や売却益を分配する不動産投資信託のこと（P.132参照）。

# 不動産投資の メリット・デメリット

CHAP 6 — 02 魅力とリスク

> **Point**
> - 不動産投資のメリットは、安定収入、節税、相続対策が可能であること
> - 不動産投資のデメリットは、空室リスクや災害リスクがあること

## 不動産投資のメリットとデメリットを理解しよう

　不動産投資にもメリットとデメリットがあります。メリットには、①比較的安定した収入が得られる、②相続対策が可能、③節税対策が可能といった点を挙げられます。

　不動産投資では入居者からの家賃収入が得られるため、空室にならなければ安定した家賃収入が見込めます。管理会社によっては空室でも一定額の賃料を保証するサブリース制度を設けている場合もあります。

　また、現金よりも不動産で相続人に残す。これは、相続税の観点からメリットがあります。現金で残せば全額が相続税の対象となりえますが、不動産の場合は購入した価格ではなく相続税評価額に基づいて相続税が計算されるため、相続税の計算時に価格を低く抑えることができ、節税につなげられます。相続人はそのまま継続して運用することで家賃収入を受け継ぎます。

　さらに、不動産投資は相続税だけではなく、所得税や住民税の節税も可能です。不動産の運用時には、建物の減価償却費や登記費用などを経費計上できます。その結果、課税所得を減らすことになり、所得税や住民税の節税につなげることが可能です。

## さまざまなリスクを考慮して投資を検討する

　一方、不動産投資のデメリットとして、空室リスクや災害リスクが挙げられます。空室になれば家賃収入は得られません。入居者に家賃を滞納されるリスクも考慮する必要があります。

　また、火災などの災害により価値が毀損する恐れもありますし、希望金額で不動産を売却できない可能性もあります。こうしたデメリットの一部は保険などで対応できる部分もありますが、しっかり理解したうえで不動産投資には臨むべきでしょう。

---

**サブリース**　貸主が不動産会社に物件を貸し、不動産会社が借主に転貸すること。相場の家賃より10〜20%程度低くなる。

KEYWORD

## ほかにもある不動産投資のメリット・デメリット

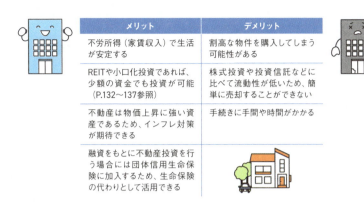

不動産投資のメリットには、安定収入、節税対策や相続対策が可能のほかにも、上記のようなメリットがある。団体信用生命保険とは、融資返済中に投資家が死亡または高度障害となった場合にローン返済が免除される保険。以降の負担がなくなり、家賃収入を継続して受け取ることができる。

## 相続対策にも活用できる不動産投資

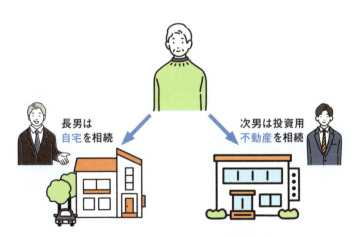

自宅は長男に、投資用不動産は次男にといった分け方をすることで、どちらかだけに偏った相続とならないようにし、相続でもめないようにする対策が可能。

---

**減価償却費** 建物など資産価値が減少する部分を費用計上すること。費用計上により、所得税などの節税につなげられる。

# 03 現物の不動産に投資する

物件の購入

> **Point**
> - 現物不動産投資は、一般的には自己資金と融資を併用する
> - 現物不動産の最も重要なポイントは立地

## 現物不動産投資には、まとまった自己資金が必要

現物不動産投資は、自己資金と金融機関の融資をもとに、マンションなどの物件を購入する投資方法です。すべて投資家の自己資金で不動産投資を行う場合には、資金が必要となるものの、利子など余分なコストをかけずに済みます。空室時や家賃が下落するときであっても、借り入れがないため返済の不安といった問題は生じません。とはいえ、自己資金をすべて使ってしまうと、何かあった場合に対応できなくなる可能性があります。また、金融機関の融資を受けることで、自己資金以上の投資資金が使えるようになり、レバレッジ効果を活かせることを考慮すると、現物不動産投資の場合には融資も活用して行うのが一般的です。

融資にあたっては、金融機関の審査を受ける必要があります。物件の査定、投資家の職業や年収などをもとに、融資額や金利が決まります。マンション1棟の場合には取得価格は高額となりますが、複数の部屋を所有することで空室リスクの軽減や、マンション1部屋などの区分所有に比べてコストの面から有利となり高めの実質利回りを期待できます。ただし、立地が1ヵ所のため地震などの災害リスクがあります。

## 現物不動産投資では立地が最も重要

一方、区分所有の場合には、取得価格が低く手頃な投資として行えるものの、空室となった場合には家賃収入が期待できなくなります。そのため、複数の部屋を所有する、地域を分けて所有するなどの対策が必要です。

現物不動産の最も重要なポイントは、立地です。駅から数分など立地がよければ借り手を見つけやすく、売却も比較的容易な場合が多いです。ただし、今後の人口減少を考慮すると、一筋縄ではいかない可能性もあります。

---

**区分所有** 分譲マンション、オフィスビルや商業店舗などのように、建物が独立した各部分から構成されているとき、その建物の独立した各部分を所有すること。

KEYWORD

## 現物不動産投資のしくみ

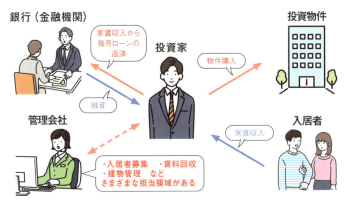

現物不動産投資では、管理会社に管理を任せることもできる。管理費用はかかるが、入居者の募集や賃料の回収などを任せることで、面倒な手間を省くことができる。

出典：イエベスト「不動産投資の仕組みを初心者向けに1から徹底解説」

## さまざまな現物不動産投資

| 不動産投資の種類 | 特徴 |
| --- | --- |
| ワンルームマンション投資 | マンションの1室を購入し、第三者に貸し出す |
| 一棟投資 | アパートを一棟購入し、第三者に貸し出す |
| 戸建て投資 | 戸建て住宅を購入し、第三者に貸し出す |
| 民泊 | マンションや戸建てを宿泊施設として貸し出す |
| 土地の貸出 | 保有する土地を貸し出して、土地代を得る |
| 駐車場投資 | 土地を駐車場スペースとして活用し、利用料を得る |

現物不動産といっても、さまざまな種類がある。上記は現物不動産を活用した投資の例。なお、不動産の売買や賃貸については民法・借地借家法、建築物・設備に関しては建築基準法、ワンルームマンション投資などでは区分所有法が関連する。不動産投資を行う際は、関連する法律についての確認が不可欠。

具体的な資金計画はもちろん、建物が古くなると借り主から家賃の引き下げ交渉が入る可能性もあります。そうした面も考慮しつつ、不動産探しを行う必要があります。

---

**実質利回り** 表面利回りから経費を引いた現実に即した利回り。（年間家賃収入－管理費や固定資産税などの諸経費）÷（物件購入価格＋購入時の諸経費）×100で求められる。

KEYWORD

# 少額で不動産投資ができる REIT

> **Point**
> - REITを活用することで、少額から複数分散不動産投資が可能
> - 上場REITを活用すれば、売買も容易にできる

## REITは不動産の投資信託

不動産投資には多額の資金が必要で、簡単に売買ができるわけではありません。しかし、REITによる不動産投資であれば、もう少し少額から売買が可能です。REITとは不動産投資信託のことで、投資家から集めた資金をもとに、プロが投資する不動産を選定して運用します。そこから得られる賃貸料収入や不動産売買益を原資として、分配金が投資家に支払われるしくみです。

また、REITには、証券取引所に上場されているものがあります。この上場REITには、オフィスや商業施設など個人投資家では投資しにくいものにも投資できるほか、住宅、物流施設、ホテルなどさまざまな不動産に投資するものもあります。上場株式と同様に売買できるため、現物不動産投資のデメリットである流動性の低さもさほど気にせずに換金可能です。しかも物件の取得から運営、管理まですべてプロが行うため、手間はまったくかかりません。

## REITの分配金利回りを確認する

「自己資金だけで運用したい」という人でも、複数のREITに投資することで、少額からの分散投資が可能です。例えば、上場REITでは1口数万円〜数十万円程度で購入できます。投資する地域や物件などを確認し、分散を図りながら投資していくのがよいでしょう。

その際に確認したいのが、分配金利回りです。分配金利回りは、年間の予想分配金を投資口価格で割ることで求められます。分配金利回りは各REITによって異なり、その時々の不動産市況などによっても変わります。人気のあるREITでは投資口価格の値上がりにより分配金利回りが低下することもあります。また、金利上昇時には借り入れコストが増大する影響を受けて、REIT価格も下落する恐れがあります。

---

**上場REIT** 証券取引所に上場されているREIT。投資法人ともいわれる。2024年5月現在、58の上場REITが存在する。

KEYWORD

## 現物不動産投資とREITの違い

|  | 現物不動産投資 | REIT |
| --- | --- | --- |
| 投資対象 | 主に住居向け不動産（マンションやアパートなど） | 多様な物件に投資可能（オフィス、ホテル、倉庫など） |
| 必要資金 | 多額 | 少額から投資可能 |
| 物件選定の際の情報入手 | 困難（専門知識が必要） | 不要（REITが良質な情報を提供） |
| 分散投資 | 困難（多額の資金が必要） | 可能（複数物件の分散投資が可能） |
| 物件の維持・管理・運営 | 投資家自身で管理（または管理会社に外部委託） | 不要（管理者としてREITが管理） |
| 流動性・換金性 | 低い（不動産市場で売買） | 高い（証券市場で売買） |

日本の金利状況と比べると、REITの分配金利回りは高く、2024年5月現在で年3〜5.5%前後。現物投資では定期的な家賃収入を得られますが、REITでは定期的に分配金を得ることができます。ただし、分配金はその時々の景気の状況などで変動します

## REITのしくみと投資口価格・分配金利回りの調べ方

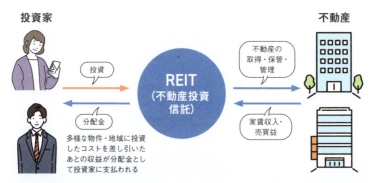

不動産投信情報ポータル「JAPAN-REIT.COM」を利用すると、REITの日々の投資口価格や分配金利回りなどの確認ができる。

ココからアクセス

出典：不動産投信情報ポータル「JAPAN REIT」（アイビー総研株式会社）
https://www.japan-reit.com/

---

**投資口価格**　上場REITの場合は投資口1口あたりの価格を指す。投資家がREITに出資する単位を「投資口」という。

KEYWORD

# CHAP 6

## 05 REITの過去の年間パフォーマンスを知る

運用実績の確認

> **Point**
> - REITのパフォーマンスは年によって極端な傾向がある
> - 年間パフォーマンスがよいと翌年のパフォーマンスが悪くなる傾向も

### REITは金利情勢に左右される側面がある

REITの運用パフォーマンスは年によってかなり波があります。

右ページの三井住友DSアセットマネジメント「主要アセットクラスの長期パフォーマンス分析」の2008～2020年における世界REITのパフォーマンスを見ると、この期間内の各資産の中で最もパフォーマンスがよかったのが2010年、2012年、2014年、2015年です。逆に、運用がかんばしくなかったのが2008年と2020年です。このようにREITの運用パフォーマンスは年によってバラツキがあります。

その要因の1つが、世界各国の金利にも影響を与える、米国の追加利上げです。借金をして購入するケースが多い不動産は、金利が上昇すれば購入する人が減ります。特に世界REITは、運用先の米国の比率が70%前後と高いことも影響しています。また、2020年はコロナショックにより経済活動が縮小。ホテルや商業施設などのREITは大きな影響を受け暴落する事態に陥りました。

### 年間パフォーマンスがよい年の翌年は要注意

最近の日本REITの動きを見ると、年間パフォーマンスがよい年の翌年はパフォーマンスが悪くなるといった状況が確認できます。いわば「山高ければ谷深し」の状況です。

こうした特性をつかんでいくと、運用パフォーマンスがマイナスとなった翌年に買いを検討する、大きく上昇した年は売却し、その後の下落を待つといった戦略がよいかもしれません。もちろん、その時々の金利情勢や需給に左右されるため、想定される状況や分配金利回りの動きも確認しつつ、投資対象に組み込んでいくとよいでしょう。

---

**世界REIT** S&P先進国REIT指数に基づく。運用先の比率は、米国の比率が70%前後、オーストラリアと日本が7%前後となっている。

KEYWORD

## 主要資産の年間パフォーマンスの比較

| | 順位 | 先進国株式 | 順位 | 新興国株式 | 順位 | 世界REIT | 順位 | 世界ハイイールド債券 |
|---|---|---|---|---|---|---|---|---|
| 2008 | 5 | -38.7 | 7 | -45.9 | 6 | -42.0 | 3 | -27.1 |
| 2009 | 4 | 25.7 | 1 | 62.3 | 3 | 27.2 | 2 | 60.6 |
| 2010 | 5 | 10.0 | 4 | 14.1 | 1 | 20.9 | 3 | 15.2 |
| 2011 | 5 | -5.5 | 7 | -12.7 | 4 | 2.0 | 3 | 3.1 |
| 2012 | 4 | 15.7 | 3 | 17.0 | 1 | 23.7 | 2 | 18.8 |
| 2013 | 1 | 28.9 | 4 | 3.4 | 3 | 6.0 | 2 | 7.1 |
| 2014 | 2 | 9.8 | 5 | 5.2 | 1 | 27.2 | 6 | 2.5 |
| 2015 | 2 | 2.1 | 6 | -5.8 | 1 | 3.8 | 5 | -2.1 |
| 2016 | 4 | 9.0 | 2 | 9.7 | 5 | 7.7 | 1 | 15.9 |
| 2017 | 4 | 18.5 | 1 | 30.6 | 4 | 5.8 | 3 | 7.6 |
| 2018 | 5 | -7.4 | 6 | -10.1 | 4 | -3.2 | 2 | -2.4 |
| 2019 | 1 | 27.3 | 3 | 18.0 | 2 | 24.1 | 4 | 14.0 |
| 2020 | 2 | 13.5 | 1 | 19.1 | 6 | -9.5 | 4 | 6.3 |

| | 順位 | 世界投資適格社債 | 順位 | 世界国債 | 順位 | コモディティ |
|---|---|---|---|---|---|---|
| 2008 | 2 | -4.7 | 1 | 8.9 | 4 | -36.0 |
| 2009 | 6 | 16.3 | 7 | 0.9 | 5 | 23.5 |
| 2010 | 6 | 7.4 | 7 | 3.6 | 2 | 17.4 |
| 2011 | 2 | 5.2 | 1 | 6.1 | 6 | -8.3 |
| 2012 | 5 | 10.8 | 6 | 4.4 | 7 | -3.4 |
| 2013 | 5 | 0.1 | 6 | -0.4 | 7 | -5.0 |
| 2014 | 4 | 7.8 | 3 | 8.4 | 7 | -17.9 |
| 2015 | 4 | -0.2 | 3 | 1.2 | 7 | -23.4 |
| 2016 | 6 | 5.7 | 7 | 3.0 | 3 | 9.3 |
| 2017 | 5 | 5.2 | 6 | 1.2 | 7 | 0.7 |
| 2018 | 2 | -1.7 | 1 | 1.0 | 7 | -12.4 |
| 2019 | 5 | 11.5 | 7 | 5.4 | 6 | 9.4 |
| 2020 | 3 | 7.7 | 5 | 4.9 | 7 | -9.7 |

※各年の数字は騰落率で単位は%。順位は上昇率の大きい順。世界国債、世界投資適格社債、世界ハイイールド債券はICE BofAグローバルの指数。コモディティはトムソン・ロイター・コアコモディティCRB指数。世界REITはS&P世界REIT指数。先進国株式はMSCI先進国株価指数。新興国株式はMSCI新興国株価指数。コモディティは米ドル建て価格、その他は現地通貨建てトータルリターン指数値。

（出所）Bloombergのデータを元に三井住友DSアセットマネジメント作成
出典：三井住友DSアセットマネジメント「主要アセットクラスの長期パフォーマンス分析」（2021年12月14日発行）

REITのパフォーマンスは、よい年と悪い年にはっきり分かれている。下落局面では分配金利回りなどをもとに、下げすぎていないかどうかを確認するとよい。

## 金利がREITに与える影響

金利が高くなると不動産や株式投資よりも、低リスクで運用できる債券投資の相対的な魅力度が上昇する。そのため、債券投資に資金が移りREITの下落要因になりうる。また、金利が高いアメリカに資金が流れやすくなるため、円安・ドル高が進みやすくなり、日本の金利利上げの要因になることもある。

**山高ければ谷深し** 相場が上がれば上がるほど、その後にくる下げはそれだけ大きくなるという相場格言。

## CHAP 6

# 06 不動産小口化商品の活用

少額投資が可能

**Point**
- 個人投資家1人では買えない物件にも投資が可能
- 投資額は1口数万円〜100万円程度から

## 複数人で投資する金融商品

不動産小口化商品とは、複数の投資家が資金を出すことで特定の不動産に投資する商品です。1口を数万円〜100万円程度と小口化することで、個人投資家ではなかなか買えないような好立地で条件のよい物件でも投資しやすくしているのが大きな特徴です。投資家には、不動産の賃料収入や売却益が投資額に応じて分配されます。

不動産小口化商品には、事業主体により匿名組合型と任意組合型などがあります。匿名組合型は、投資家が金銭を出資し、不動産事業者がそのお金で不動産に投資、収益を投資家に分配するものです。一方、任意組合型は、出資した複数の投資家が共同で事業主体となるものです。

## プロが選んだ特定の不動産が投資対象

REITは、不動産に直接投資するのではなく、証券取引所を通して投資信託証券を売買し、複数の不動産を投資対象とします。これに対して、不動産小口化商品は、不動産特定共同事業法による認可を受けた事業者のみが取り扱うことができ、プロが選んだ特定の不動産を投資対象としています。

匿名組合型では、個人投資家は不動産そのものの所有権は持たないため、不動産登記は不要です。最近では、インターネットを通して多くの投資家から資金調達を行い不動産に投資する、不動産クラウドファンディングも人気です。不動産クラウドファンディングでは、匿名組合型の不動産小口化商品を販売するケースが多く見受けられます。

一方、任意組合型では不動産の所有権を持つことができます。不動産登記費用などの費用が発生するものの、相続の際の相続税や贈与の際の贈与税の節税ができる点に特徴があります。

---

**不動産特定共同事業法** 不動産投資の収益を分配する小口化商品に関する事業について定めた法律。投資家保護と事業の健全な発展を目的とする。

KEYWORD

## 不動産小口化商品のしくみ

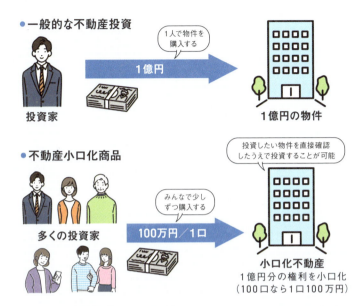

立地のよい不動産を購入しようとした場合、1人で購入しようとすると何千万円、何億円とかかる。しかし、不動産小口化商品を活用すれば、1口数万円〜100万円程度から購入できる。さまざまな小口化商品を活用することができるようになり、地域分散など分散投資も可能となる。

## 匿名組合型と任意組合型の違い

|  | 匿名組合型 | 任意組合型 |
| --- | --- | --- |
| 事業主体 | 事業者 | 出資者（共同事業） |
| 出資金額※ | 1口数万円程度〜 | 1口100万円程度〜 |
| 運用期間 | 数カ月〜10年以内 | 約10年〜数十年 |
| 主な特徴 | ・少額から投資できる<br>・短期運用が多い | ・相続への取り組みとして活用できる<br>・長期運用で安定収益を狙える |

※最低投資口数の規定あり

**不動産クラウドファンディング** インターネットを通じて少額から不動産投資ができるしくみ。投資期間は、数カ月からと短いケースが多い。

KEYWORD

# コモディティ投資ってどんなもの?

CHAP 6
07
金や原油に投資

> **Point**
> ● コモディティの市場は拡大傾向にある
> ● インフレ対策や有事対策などに活用可能

## コモディティも資産運用に組み合わせるのが一般的に

コモディティとは、原油などのエネルギー、金やプラチナなどの貴金属、トウモロコシや大豆といった穀物などを指します。最近ではこのコモディティへの投資に興味を持つ人が増加しています。

コモディティは、実物資産であり、インフレ対応のできる資産としても活用されています。産油国やその周辺で戦争や紛争といった有事が発生した場合に原油価格が上昇する可能性があるほか、「有事の金」として金価格も上昇する可能性があります。また、ロシアにおける穀倉地帯であるウクライナへの軍事侵攻は、穀物価格の上昇にもつながりました。こうした点から、コモディティ投資を行うことで、株式や債券とはまた違ったリスク分散につなげることが可能となります。昨今では、コモディティがオルタナティブ資産(代替資産)の投資対象の1つとして市場が拡大している点も見逃せません。

## 中長期投資の金融商品として関心が高まる

コモディティ投資を行う場合、貴金属であれば現物購入も可能ですが、原油や穀物はそうもいきません。そのため、ETF(上場投資信託)による投資を検討しましょう。ETFは証券会社経由で購入可能です。右ページは、日本で投資可能なコモディティのETFです。ほかにも、原油などの資源を取り扱う商社株、コモディティへの需要が高まった場合にはコモディティを運ぶ海運株など、コモディティ関連の株式に投資する方法や、コモディティで運用する投資信託を購入する方法もあります。世界的に人口が増加し続けている影響で、コモディティへの需要が高まることも予想されます。インフレリスクに対応できる金融商品であるため、中長期投資の観点でも注目されています。

---

**オルタナティブ資産** 株式や債券といった伝統的金融資産とは別の値動きをする資産。コモディティのほか、不動産などが該当する。

KEYWORD

## コモディティへの投資方法

ETFは、株価指数など特定の指標に連動することを目指した投資信託で、証券取引所に上場している金融商品。ETFや投資信託であれば、自身の証券口座で取引できるため、投資初心者でも簡単に始めることができる。ただし、コモディティ関連のETFや投資信託の取り扱い商品数は証券会社によって異なる。

## コモディティに投資ができる主なETF

| ETF名称 | 銘柄コード | 特徴 |
|---|---|---|
| WisdomTree ブロード 上場投資信託 | 1684 | Bloomberg Commodity Indexの総合商品指数に連動する投資成果を目指す。金、原油、天然ガス、大豆、この4種類でおよそ40％を占める。 |
| WisdomTree エネルギー 上場投資信託 | 1685 | Bloomberg Energy Subindexの総合商品指数に連動する投資成果を目指す。原油が60％弱、天然ガスが14％強、ガソリンや軽油なども20％ほどを占める。 |
| WTI原油価格連動型 上場投信 | 1671 | ニューヨーク・マーカンタイル取引所（NYMEX）におけるWTI原油先物の直近限月の清算値（円換算）との連動を目指す。 |
| SPDRゴールド・シェア | 1326 | 円換算した金地金価格（ロンドン）との連動を目指すETF。金の現物に投資している。 |
| 純銀上場信託 （現物国内保管型） | 1542 | 国内の商品先物取引市場における銀の先物価格から換算した、銀地金の理論価格（グラム・円）との連動を目指す。銀の現物に投資している。 |
| WisdomTree 農産物 上場投資信託 | 1687 | Bloomberg Agriculture Subindexの総合商品指数に連動する投資成果を目指す。 |

**海運株** 海上を利用した貨物輸送など、海運業を営む企業の株式。コロナ禍では物流がひっ迫し、株価が大幅に急伸した。

# CHAP 6

## 08 価値がゼロになることはない 金（ゴールド）投資

上昇する金価格

> **Point**
> - 金は有限の資産であるため、希少性が高い
> - 有事やインフレの対策にも活用が可能

### 金価格は右肩上がりの状況が続く

コモディティの中でも、投資のハードルが比較的低いといえるのが金投資。これまで採掘された金の総量は50×20メートルプールで換算しておよそ4杯分。人工的に作り出すことは難しく、その希少性から重宝されています。

金投資のメリットとして、金は装飾品、工業用、投資用などさまざまな需要があるため、価値がゼロになることがない点が挙げられます。資産の逃避先としての金需要の高まりや、インフレに強いといった点などから、金の価格（円換算）は、2000年以降右肩上がり。20数年で10倍以上になっています。なお、日本国内では、消費税が上がるとその分も金価格に上乗せして売却できます。そのため、消費税増税に備えた手段としても活用が可能です。

### 金価格は米ドルと逆相関にあることが多い

金投資の最大のデメリットは、金自体が利息を生まないこと。預金や債券であれば利子、株式であれば配当金を受け取ることができますが、金はそうしたインカムゲインはありません。あくまでも売買益に特化した投資です。また、株式などと異なり、相場が安いか高いかを確認する指標がありません。そのため、物価情勢や国際情勢などを確認しながら投資する必要があります。

金価格は米ドルと逆相関にあるとよくいわれます。昨今では必ずしもそうとは言い切れないものの、「米ドル高＝金価格下落」「米ドル安＝金価格上昇」といった関係がいえる場合が多く、仮に2024年以降、米国が利下げを行う段階に来た際には、「利下げ→米ドル安→金価格上昇」となる可能性があります。なお、金投資にはETFのほかに、金の現物購入、純金積立、金貨投資などさまざまな種類があります。

---

**純金積立** 毎月一定額や定量を買い付ける金投資手法。地金商、貴金属メーカー、証券会社などで取り扱いがある。

KEYWORD

## 金投資の主な方法

| 投資方法 | 最低購入価格 | 特徴 |
|---|---|---|
| 金地金 | 数万円〜 | 現物の金のインゴット（加工や再溶解により利用しやすい大きさにした塊）を購入する。紛失や盗難に注意が必要。三菱マテリアルや田中貴金属などで購入可能。 |
| 金貨 | 数万円〜 | 記念金貨や過去に使用されていた金貨などを購入する。日本の記念金貨は造幣局など、アンティークコインなどはコイン商などで購入可能。 |
| 純金積立 | 毎月1,000円〜 | 毎月一定額または一定量ずつ金を購入する。地金商や証券会社などで投資可能。 |
| 金投資信託 | 100円〜 | 金に投資する投資信託を購入する。証券会社や銀行などで購入可能。 |
| 金ETF | 数千円〜 | 金に投資するETFを購入する。証券会社で購入可能。 |

## 世界の金保有量ランキング

ココからアクセス

Let's GOLD「世界の中央銀行の金保有量一覧ランキング」
https://lets-gold.net/chart_gallery/gold-holdings-rank.php

### 世界の金保有国ランキング
**世界の中央銀行・公的機関の金保有量 ベスト100**

2024年5月末時点での世界全体の中央銀行と公的機関の金保有量ランキング上位100。

| RANK | 国名 | 金準備(t) | 前月比(t) | 前年比(t) | 外貨準備* |
|---|---|---|---|---|---|
| 1 | 米国 | 8,133.46 | - | - | 72.6% |
| 2 | ドイツ | 3,351.53 | -0.40 | -1.12 | 71.8% |
| 3 | IMF | 2,814.04 | - | - | - |
| 4 | イタリア | 2,451.84 | - | - | 68.6% |
| 5 | フランス | 2,436.97 | - | +0.16 | 70.0% |
| 6 | ロシア | 2,335.85 | - | +6.22 | 29.4% |
| 7 | 中国 | 2,264.32 | - | +172.00 | 4.9% |
| 8 | スイス | 1,040.00 | - | - | 8.9% |
| 9 | 日本 | 845.97 | - | - | 5.2% |
| 10 | インド | 831.42 | +3.72 | +34.92 | 9.5% |

出典：Let's GOLD「世界の中央銀行の金保有量一覧ランキング」

世界の金保有量ランキングを確認すると、どこの国が金を買い、金を売っているか確認できる。最近では、中国やインドの金購入量が増加している。外貨準備に占める割合から見ればまだまだ金購入の余地があると考えられる。この2カ国の需要が今後も金価格を押し上げる可能性がある。

---

**金貨投資** 金貨を購入する方法。記念金貨やアンティークコインなど種類は豊富。金価格以外に付加価値が上乗せされる。

KEYWORD

# ハイリスク・ハイリターンのCFD取引

> **Point**
> - CFD取引では、為替、株式、商品などさまざまな取引が可能
> - 投資初心者はまずは現物株式などの投資から始めるのが無難

## 少額の資金でも大きな取引が可能

CFD取引とは、差金決済取引のことです。証券会社に証拠金を預けることで、その証拠金以上の取引ができます。手元にある資金以上の取引ができるため、効率的な投資が可能となります。

証拠金による投資は、FXと呼ばれる外国為替証拠金取引（P.160参照）が有名ですが、CFD取引は、為替や国内株式だけではなく、海外の個別株式、海外の株価指数、貴金属やエネルギーなどのコモディティ、国債、REITなど、投資対象が幅広い点が魅力です。タイミングを見計らい、レバレッジを効かせる投資が可能です。

また、CFD取引のメリットは、投資できる時間が日中だけではないこと。投資対象によっては24時間できるものもあります。しかも、「買い」だけではなく、「売り」からも売買できます。価格が上がると思えば「買い」、下がると思えば「売り」を行い、実際にそうなれば利益を確保することができます。

## 大きなリターンを狙えるが、その分リスクも大きい

CFD取引では、通常「売り」を継続することで利益が受け取れます。取引対象の価格が下がると思ったら「売り」を行い、そのまま保有すれば金利も受け取れます。一方、「買い」の場合には、金利が取られることになります。これは、売る人はお金を保有することになり、その分の金利が受け取れることを意味します。

CFD取引は、通常の株式取引よりもリスクが高くなります。例えば、株式を保有しているものの、リスクヘッジとしてCFD取引で「売り」を行うなど投資手法を確立して利用していくことがよいでしょう。

ただし、リスクも大きいため、投資初心者は安易に手を出すことは控えたほうが賢明です。

---

**FX** 外国為替証拠金取引。異なる通貨を交換し、為替変動やスワップをもとに利益を狙う取引。

## CFD取引のしくみ

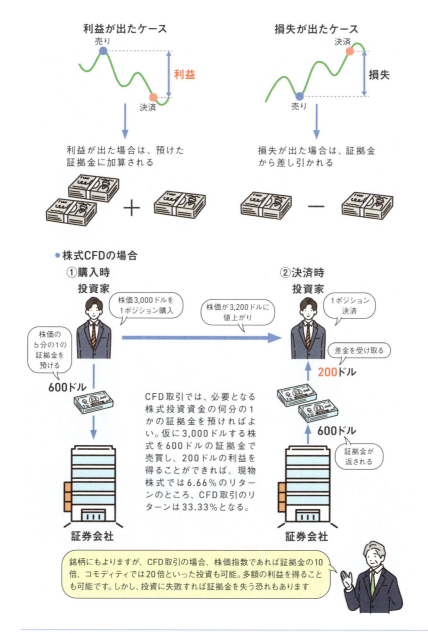

**スワップ** 二国間の通貨を売買するFX取引において、金利の高い通貨を購入することで得られる金利差のこと。

## CHAP 6 10 企業に融資する

# クラウドファンディング（投資型）の活用①

> **Point**
> - インターネットを介して資金調達を得る手段がクラウドファンディング
> - 寄付型、購入型、ふるさと納税型のほかに、投資型が存在する

## 投資型クラウドファンディングで資産を運用する

新しい資産運用の方法の1つに、クラウドファンディングがあります。クラウドファンディングは、インターネットの普及にともない2000年代の米国からスタートした新しい資金調達のしくみです。日本では2011年にREADYFORやCAMPFIREによるクラウドファンディングサービスが最初となります。

クラウドファンディングでは、インターネットを介して不特定多数の人から資金を調達できます。現在では、寄付型、購入型、ふるさと納税型といったもののほかに、投資型のクラウドファンディングが存在します。この投資型のクラウドファンディングを活用することで、伝統的な金融商品とはまた違った投資を楽しむことができます。

## ソーシャルレンディングを利用して企業にお金を貸す

投資型クラウドファンディングは、インターネットを介して支援者が資金を出し合い、見返りに株式や配当金など金銭的なリターンを得るしくみで、ソーシャルレンディング、株式型、ファンド型の3つのタイプがあります（株式型とファンド型は次項を参照）。

ソーシャルレンディングは、お金を借りたい企業と、お金を運用したい投資家をマッチングさせるサービスで、企業に融資を行うもの。1万円程度から投資でき、企業の信用度合などによって得られる金利は異なりますが、年率4〜6％程度のケースが一般的です。投資家は、企業から貸した元本に利息を付けて返済してもらいます。いわば、銀行の代わりに投資家がお金を貸すしくみです。投資家は事業内容などを確認し、将来性の有無を見極めることが必要です。なお、ソーシャルレンディングは、第二種金融商品取引業の登録を受けた事業者が行っています。

---

**READYFOR** 日本初のクラウドファンディング。これまで銀行借入れだけではお金が集まらなかった領域の人までサポートしている。

KEYWORD

## ソーシャルレンディングのしくみ

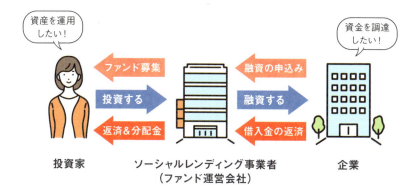

ソーシャルレンディングは、お金を貸したい人（投資家）と、お金を借りたい企業をインターネットを介してつなげる金融仲介サービス。

## ソーシャルレンディングの事例

| ファンド | 最低投資額 | 運用期間 | 応募人数 | 担保等 | 保証 | 実質利回り |
|---|---|---|---|---|---|---|
| 太陽光発電ファンド | 1万円 | 5カ月 | 173人 | 太陽光発電所設備（所有権）に対する第1順位の抵当権等 | 個人による連帯保証、第三者連帯保証 | 7.0% |
| 不動産担保型ローンファンド | 1万円 | 4カ月 | 187人 | 対象不動産所有権に対する第1順位の抵当権 | なし | 5.6% |
| 上場企業事拡大支援ファンド | 1万円 | 7カ月 | 144人 | 対象不動産を保有する合同会社の持分への質権 | 100%親会社による連帯保証 | 5.4% |

出典：Crowd Bank「多彩なテーマで選べるファンド」

返済遅延、倒産といったリスクもあります。1社（1ファンド）に多額の資金を投資するのはリスクが高いため、複数のファンドに分散する、業種を分けるなども検討しましょう

---

**第二種金融商品取引業**　クラウドファンディングを含むみなし有価証券を販売するためには、第二種金融商品取引業の登録が必要である。

KEYWORD

# CHAP 6
## 11 クラウドファンディング（投資型）の活用②
支援や課題解決

> **Point**
> - 株式型は、非上場企業の資金調達手段である
> - ファンド型は、特定の事業に投資し、収益を分配金として受け取る

### ハイリスク・ハイリターンを希望するなら株式型を選択

投資型クラウドファンディングには、ソーシャルレンディング以外に、株式型、ファンド型が存在します。株式型とは、非上場企業の資金調達手段であり、急成長中のベンチャー企業などに投資し、その対価として株式を受け取ることができるものです。2016年に設立された **FUNDINNO** が先駆けであり、2017年から国内初の株式型のクラウドファンディングが登場しました。なかには資金調達後に売上が激増し、大きなリターンを得ることができた投資事例もあります。

株式型は、ほかの投資型クラウドファンディングに比べてハイリスク・ハイリターンであることが特徴。大きなリターンを生む可能性がある一方で、事業に失敗すれば投資したお金は戻ってこない可能性があります。しかし、こうしたリスクを取る投資家がいることで新たなビジネスや革新的サービスが生まれる可能性があります。そのため、今後も株式型のクラウドファンディングは注目を集めることでしょう。

### ファンド型は社会課題の解決を目指す取り組みも多い

ファンド型は、特定の事業に投資することで、その事業から得られる収益を分配金として受け取ります。例えば、**セキュリテ** では、地域が抱える環境や貧困などの社会課題をテーマにしている事業（ファンド）を取り扱っています。震災復興支援のファンドなどを取り扱っており、分配金のほか、特典が受け取れるものもあります。

株式型はこれから伸びそうな非上場企業への投資、ファンド型はどちらかといえば応援・支援といった観点が中心です。資産運用で資産を増やすといった視点だけではなく、社会全体に還元できるような支援がしたい場合にはファンド型も活用するとよいでしょう。

---

**FUNDINNO** 2017年に国内ではじめて株式型のクラウドファンディングを提供している。約10万円からベンチャー企業への投資が可能。

KEYWORD

## 投資型クラウドファンディングの事例

売上高成長率。企業の成長性や規模拡大ベースの指標

| 企業名 | 事業内容 | 成長倍率 |
|---|---|---|
| アクアムホールディングス株式会社 | 空気から飲料水をつくる空気製水機を開発 | 3,662% |
| 株式会社アナムネ | 医師に直接相談可能な遠隔医療相談サービス「anamne（アナムネ）」を運営 | 1,183% |
| 株式会社Fesbase | 訪日外国人向けレストラン予約代行サービス「JPNEAZY」の運営 | 953% |
| 株式会社tayo | 学術×広告×ITで研究者のキャリアを支援するプラットフォームを運営 | 600% |
| WEF技術開発株式会社 | $CO_2$削減、再生エネルギー開発など、環境関連のビジネスを展開 | 413% |

FUNDINNOで資金調達した後の売上高成長率ランキングの上位5社（2023年12月現在）。事業の失敗などのリスクもあるが、事業が大きく成長して大きなリターンを生む可能性もある。

出典：FUNDINNO「調達企業の売上高成長ランキング」

## ファンド型クラウドファンディングのしくみ

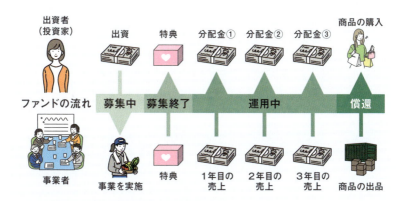

上記は、会計期間3年間で毎年分配・出資者特典ありのファンドの例。ファンド型は、株式型に比べるとリターンは小さくなる傾向がある。そうした違いも理解したうえでクラウドファンディングを活用する。

出典：セキュリテ「ファンドのしくみ」

---

**セキュリテ**　1口1万円から、共感できる事業に直接出資ができるサステナブルファイナンス（産業・社会構造の転換を促し、持続可能な社会を実現するための金融手法）を提供している。

KEYWORD

COLUMN 6
# 有事の金は今でも有効

## 世界情勢が不安定なときこそ金投資が有効

　悠久の昔から人びとを魅了してきた金。ご存じのように金価格は2000年代から見ると継続して上昇し続けています（2024年5月現在）。金価格が上昇する要因として以下の点が挙げられます。①インフレに強く、インフレ時には価格上昇が見込める、②戦争や紛争など世界情勢が不安定なときに上がりやすい、③金は利息が付かないため、米国の利下げ局面で価格が上がりやすい。また、④宝飾品需要が高まる場合があることなども要因といえます。

　このうち②に関しては、昔も今も変わらず値上がりする傾向があります。最近のケースでいえば、2022年2月にロシアがウクライナに侵攻したことが理由で金価格は上昇しました。軍事侵攻が長引いたこと、穀倉地帯といえるウクライナへの侵攻により穀物などの価格が上昇、世界的なインフレを引き起こしたことも要因となっています。

　また、2023年10月にはイスラエルにイスラム組織であるハマスが大規模攻撃。2024年4月には、イスラエルとイランの対立激化により中東情勢が緊迫化。これにより金価格は再び上昇するに至っています。このように、戦争や紛争などが生じると、特に①と②が金価格を押し上げる要因として強く働きます。今後も中東情勢によっては原油価格上昇が世界的なインフレを引き起こし、金価格が上昇する可能性はあるといえるのではないでしょうか。

## 割安を判断する指標が明確にあるわけではない

　なお、金価格は株価と異なり投資指標が明確にあるわけではありません。単純に需要が供給を上回れば、金価格は上昇します。2022年と2023年に各国中央銀行の金購入量はそれぞれ1,000トンを超える記録的なペースとなっています。こうした中央銀行の購入が金価格を押し上げている側面も見逃せません。CHAP.6の08で示した中国、インドのほか、ポーランドも2023年に130トンほど金を購入しています。地政学的リスクに備えている側面もあるといえそうです。有事の金は今でも有効なのです。もしかしたら誰しもが想定しなかったような金価格となっていくことがありえるのかもしれません。

CHAP

# 7

# 外国為替のしくみ・外貨建て商品の活用

異なる国の通貨を交換する外国為替取引。外貨で預金をし、為替変動で利益を得る外貨預金は初心者向きの資産運用です。本章では、外貨預金のほか、FXや外貨建て保険などについて解説します。

# 為替を動かす二大要因 金利と物価

CHAP 7 01 変動を予測する

> **Point**
> - 日本と海外の金利差が為替レートを動かすと考えるのが金利平価説
> - 物価が上昇する国ほど通貨安となると考えるのが購買力平価説

## 為替を動かす大きな要因の1つは「金利差」

海外に投資する場合に気をつけたいのが為替の変動です。日本から投資する場合、その後円安となれば為替差益（為替変動による利益）を享受できます。一方、投資後に円高に振れると為替差損が発生します。

為替を動かす要因は多岐にわたり、最も大きな影響を与えるのは金利と物価です。そのうち、日本と海外の金利差が為替レートを動かすと考えるのが金利平価説です。仮に金融緩和によって日本の金利が低下し、米国の金利は変動しなかったとします。相対的に米国の金利が魅力となり、米国に資金を預けたい人が増えます。日本の金利の魅力が下がると、円を売り、米ドルを買う動きが強まります。結果、円安ドル高へ変動します。一方、金融引締政策が実行されると金利は上昇します。仮に日本の金利が上昇すると、他国に比べて相対的に日本の金利の魅力が上がり、例えば米ドルを売って円を買い、円で預金しようという人が増えます。これにより、円高ドル安が発生します。

## 物価の変動も為替を左右する

もう1つの考え方が、購買力平価説と呼ばれるものです。一般的に、物価が上昇する国ほど通貨安となる傾向があります。逆に物価が下がるデフレが続くと通貨高になる傾向があります。金利は短～中期における為替変動要因となり、物価は中～長期における為替変動要因となり得ます。もし日本の金利が上昇し、米国の金利が低下すれば、自然に円高ドル安になる。理屈としてはこのように考えることができますが、実際には貿易収支、政治動向などさまざまな要因が絡み合い為替レートは決定されます。そういった動きを予想して、外貨建て商品を活用していく必要があるのです。

---

**金融緩和**と**金融引締政策** 金融緩和は中央銀行が経済活性化を狙って金利の引き下げなどを行うこと。金融引締政策は景気過熱や物価上昇（インフレ）を抑えるために金利が引き上げられる。

KEYWORD

## 為替を動かすおもな要因

 **UP**

| | | | | |
|---|---|---|---|---|
| 通貨高となる経済的要因 | **景気**<br>他国より経済成長率が高い | **株価**<br>他国より株式相場が堅調 | **貿易**<br>貿易黒字の拡大、輸出の増大 | **投資動向**<br>海外からの投資の増加 |
| 為替が動く経済的要因 | **金融政策**<br>政策金利の引き上げ（2国間の金利差拡大）により通貨高に | **要人発言**<br>各国首脳、金融当局の発言が相場を動かす | **戦争・テロ**<br>その国の通貨が下落したり、安全性の高い通貨が買われる | **為替介入**<br>自国に不利な相場の変動を正すために大規模な通貨の売買を行うことがある |
| 為替が動くその他の要因 | **自然災害**<br>経済が停滞したり、政治が混乱したりすることで、通貨安に | | | |

**DOWN**

## 金利平価説と購買力平価説

### 金利平価説

**金融緩和が行われる**
（日本の金利のみ低下）

米ドルは買われる
＝米ドルが高くなる

円は売られる
＝円が安くなる

**金利差が為替を動かす**

**金融引締が行われる**
（日本の金利が上昇）

円は買われる
＝円が高くなる

米ドルは売られる
＝米ドルが安くなる

### 購買力平価説

現金1,000円でりんごを購入

**1個200円の場合**

購入できるのは5個
同じ金額でより多く買える
＝通貨が高い

**物価が為替を動かす**

**1個500円の場合**

購入できるのは2個
同じ金額でも少量しか変えない
＝通貨が安い

---

**貿易収支** 商品の輸出額から輸入額を差し引いたもの。輸出額が輸入額を上回ると貿易黒字になり、通貨高要因となる。

KEYWORD

CHAP 7
## 02 為替差損が生じたら ほかの利益と相殺してみる
損失の考え方

> Point
> - 為替と売却益、双方を考慮する
> - 為替差損が発生しそうなら円に転換しないことも検討する

### 為替差損でも売却益でプラスならOKといった発想を持つ

海外に投資した結果、円高に振れたことで投資した外貨が安くなり、為替差損（為替変動による損益）が生じることがあります。その場合、為替だけでなく値上がり益といったほかの利益と相殺することを考えましょう。

仮に米国株に投資したとします。株価上昇もあり、為替では損失が出ているがトータルで見て売却益が出そう。この場合は、売却益が出たことに満足すべきでしょう。為替でも株価でも利益を得ることが一番ですが、どちらかで利益が得られていればOKといった柔軟な発想も時には必要となります。

### 為替差損を出さない回避手段を持つ

では外貨預金ではどうでしょうか。外貨預金は日本円よりも金利の高い場合が多く、高い利子を受け取れます（P.154参照）。しかし為替差損が発生するとマイナスとなることもあります。

そういったときは税金のしくみを利用したり、外貨のまま保有したりすることで損失を回避することも可能です。外貨預金の為替差損は、株式の売却損のように来年以降に繰り越せません。外貨を円に転換して為替差損が生じた場合は、その年に雑所得があれば損益通算できますが、なければただの損失です。これに対して、外国株式を売却後すぐに円に転換した場合には、売却損益と為替差損を合計して譲渡損益を計算します。譲渡損となれば翌年以降3年間繰り越しができ、その後の譲渡益を差し引いたうえで税金が計算できるため、税制面では有利となります。

また、外国株式を売却後、円に換えずに外貨で保有するといった方法も検討できます。外国株や外国債券、外貨預金に、外貨のまま投資するのも有効な手段です。そうして、為替差損を避けることも考えてみましょう。

---

雑所得 と 損益通算　雑所得は為替差益のほか、公的年金、FX、先物取引で得た利益のこと。損益通算は同年に発生した利益と損失を相殺し、課税対象となる利益を減らして納税金を少なくすること。

KEYWORD

## 為替が絡んだ場合の雑所得、譲渡所得の考え方

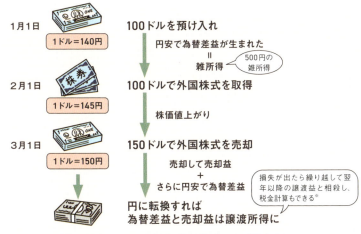

※譲渡所得、雑所得ともに税率は同じだが、譲渡所得は損失を繰り越せるため節税ができる

## 円高に振れ、為替差損が生じたら

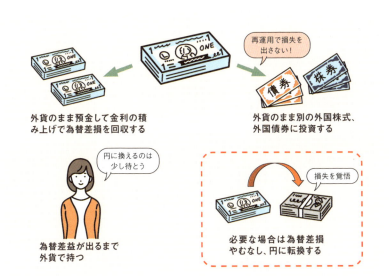

**譲渡損益** 資産を売却したときに出た利益や損失のこと。資産取得時よりも売却して得たお金が多いと譲渡益、マイナスになれば譲渡損が生じたと考える。

# CHAP 7 03 金利と為替変動から利益を狙える外貨預金

初心者向き

**Point**
- 外貨預金のほうが日本円での預金よりも金利が高い場合が多い
- 投資経験者の7人に1人は外貨預金で運用を行っている

## 外貨預金は投資初心者から活用可能

　外貨預金とは、外貨で預金を行うもので、米ドル、ユーロ、豪ドル預金が代表的です。一般的に、日本円の預金に比べて金利が高く、資産の一部を外貨預金で預ける人もいます。また、預けたときよりも円安になると為替差益が生じます。金利と為替変動の両面から利益が狙えるのです。

　預金するときは外貨に両替してから預金します。ただし、両替の際に為替手数料がかかります。そのため、金利を得ながら中長期的に外貨預金を行う人が多いです。日本経済の先行きが不安なときに、また、いざというときに備えて外貨預金を行う人もいます。

　注意点は為替リスクがともなうこと。円高になると損失が発生する可能性があります。また、外貨預金は預金保険の対象ではありません。そのため、金融機関に万が一のことがあった場合に、円預金と異なり補償されない恐れがあります。

## リスクの低い外貨建て金融商品として

　実際にどのぐらいの人が外貨預金の運用を行っているのでしょうか。金融庁「リスク性金融商品販売にかかる顧客意識調査について（最終報告・全体版）令和元年8月9日」によれば、リスク性金融商品の中で外貨預金を保有する人は投資経験者のうち14〜15％となっています。投資経験者のおよそ7人に1人が外貨預金で運用しているこ とがわかります。積立投資を行っている金融商品の中にも、外貨預金と回答した人が8％います。株式や投資信託と比べると保有率は劣りますが、それでも分散投資の一環として、行う人が多いことがわかります。外貨建て金融商品の中ではリスクが低い部類に入る外貨預金。外貨投資を始めたい人にとってはじめの一歩となることでしょう。

---

**為替手数料**　日本円と外国通貨の間で両替を行う際に銀行等に支払う手数料のこと。預入時、引出時にかかることになる。手数料は銀行や両替所によって異なる。

KEYWORD

## 外貨預金の金利例

### ● 楽天銀行の場合

2024年5月22日現在

| 通貨 | 預入方法 | 7日 | 14日 | 1ヶ月 | 2ヶ月 | 3ヶ月 | 6ヶ月 | 1年 | 2年 |
|---|---|---|---|---|---|---|---|---|---|
| 米ドル | 円から預入時 | 4.00% | 2.00% | 0.41% | 0.51% | 0.71% | 1.01% | 1.21% | 1.71% |
|  | 外貨から預入時 | 0.02% | 0.02% | 0.40% | 0.50% | 0.70% | 1.00% | 1.20% | 1.70% |
|  | 最低預入額 | 7日、14日：500米ドル（78,440円相当額）<br>1ヶ月以上：10米ドル（1,569円相当額） | | | | | | | |
| ユーロ | 円から預入時 | 3.00% | 1.50% | 0.02% | 0.02% | 0.02% | 0.02% | 0.02% | 0.02% |
|  | 外貨から預入時 | 0.01% | 0.01% | 0.01% | 0.01% | 0.01% | 0.01% | 0.01% | 0.01% |
|  | 最低預入額 | 7日、14日：500ユーロ（84,915円相当額）<br>1ヶ月以上：10ユーロ（1,699円相当額） | | | | | | | |
| 豪ドル | 円から預入時 | 10.00% | 5.00% | 0.02% | 0.02% | 0.02% | 0.05% | 0.05% | 0.05% |
|  | 外貨から預入時 | 0.01% | 0.01% | 0.01% | 0.01% | 0.01% | 0.04% | 0.04% | 0.04% |
|  | 最低預入額 | 7日、14日：500豪ドル（52,285円相当額）<br>1ヶ月以上：10豪ドル（1,046円相当額） | | | | | | | |
| 英ポンド | 円から預入時 | 5.00% | 2.50% | 0.02% | 0.02% | 0.02% | 0.02% | 0.02% | 0.02% |
|  | 外貨から預入時 | 0.01% | 0.01% | 0.01% | 0.01% | 0.01% | 0.01% | 0.01% | 0.01% |
|  | 最低預入額 | 7日、14日：500英ポンド（99,795円相当額）<br>1ヶ月以上：10英ポンド（1,996円相当額） | | | | | | | |
| NZドル | 円から預入時 | 10.00% | 5.00% | 0.11% | 0.17% | 0.17% | 0.17% | 0.15% | 0.11% |
|  | 外貨から預入時 | 0.10% | 0.10% | 0.10% | 0.16% | 0.16% | 0.16% | 0.14% | 0.10% |
|  | 最低預入額 | 7日、14日：500NZドル（48,060円相当額）<br>1ヶ月以上：10NZドル（962円相当額） | | | | | | | |

出典：楽天銀行「金利一覧」

金利は金融機関によっても異なります。円から預け入れると外貨に両替するぶん金利が高くなることもあるので、比較して検討することをおすすめします

## 外貨預金を保有する人の割合

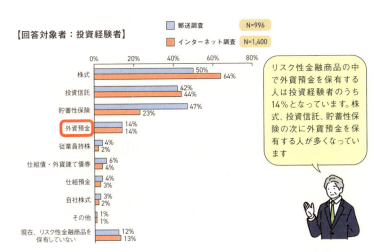

【回答対象者：投資経験者】
■ 郵送調査 N=996
■ インターネット調査 N=1,400

| 項目 | 郵送調査 | インターネット調査 |
|---|---|---|
| 株式 | 50% | 64% |
| 投資信託 | 42% | 44% |
| 貯蓄性保険 | 47% | 23% |
| 外資預金 | 14% | 14% |
| 従業員持株 | 4% | 2% |
| 仕組債・外貨建て債券 | 6% | 4% |
| 仕組預金 | 4% | 3% |
| 自社株式 | 3% | 2% |
| その他 | 1% | 1% |
| 現在、リスク性金融商品を保有していない | 12% | 13% |

出典：金融庁「リスク性金融商品販売にかかる顧客意識調査について（最終報告・全体版）令和元年8月9日」

リスク性金融商品の中で外貨預金を保有する人は投資経験者のうち14%となっています。株式、投資信託、貯蓄性保険の次に外貨預金を保有する人が多くなっています

---

**リスク性金融商品** リターンの予測ができない（不確実でリスクのある）金融商品。リスク（リターンの不確実性）がなくリターンが高い金融商品は存在しない。

# CHAP 7

## 04 同時にお金を増やせる外貨建て保険

損をすることも

> **Point**
> - 保険の機能と外貨による増やす機能の両方が活用可能
> - 為替変動によっては保険金が払い込み保険料総額を下回る恐れあり

### 外貨建て保険には、終身・個人年金・養老保険がある

外貨建て保険は、払い込む保険料を米ドルやユーロ、豪ドルといった外貨で運用する保険です。保険料の支払いや運用、保険金、解約返戻金の受け取りは外貨で行われますが、保険金を日本円で受け取れるものもあります。

一般的な保険は3種類。外貨建て終身保険、外貨建て個人年金保険、外貨建て養老保険です。基本的なしくみは円建ての保険と変わらず、3種とも保険料の払い込みと運用は外貨です。

外貨建て終身保険は、死亡など万が一の場合に保険金が支払われるものです。外貨建て個人年金保険は65歳など決まった時期になると、一定期間もしくは終身において、外貨または円で年金を受け取れます。外貨建て養老保険は保険期間中に、死亡または保険会社所定の高度障害状態となった場合に、死亡保険金または高度障害保険金が支払われます。亡くならずに満期を迎えた際には満期保険金を受け取れます。

### 外貨建て保険のメリットは同時にお金を増やせること

一般的に、国内よりも海外の金利のほうが高いため、運用により増やしながら保険機能も働かせることができます。円建て保険に比べると、外貨建て保険は予定利率が比較的高く設定されるため、円建てで同じ保険金額の保険に加入するよりも、保険料が割安になることがあります。また、外貨での運用により通貨分散機能（いくつかの通貨を組み合わせた投資で為替変動の影響をやわらげること）が働きます。

なお、為替変動によっては保険金が払い込み保険料総額を下回る（損失が出る）可能性があります。保険関係費、通貨交換費用などのコストもかかるため、短期で解約をした場合も解約返戻金が払い込み保険料総額を下回る恐れがある点にも注意してください。

---

**終身保険と養老保険** 終身保険は一生涯の死亡保障がある保険のこと。養老保険は死亡保障と貯蓄、どちらも兼ね備えた保険のこと。終身保険には満期がなく、養老保険には満期がある。

KEYWORD

## 円建て保険と外貨建て保険の違い

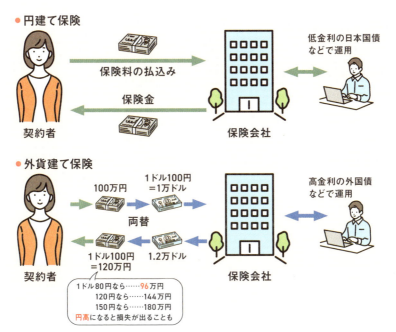

## 外貨建て終身保険のイメージ

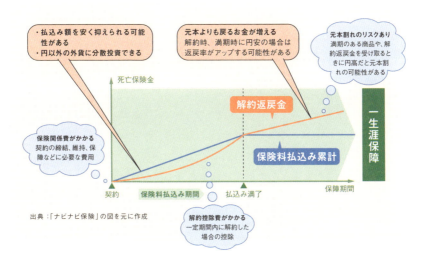

出典:「ナビナビ保険」の図を元に作成

**予定利率** 保険会社が保険料を支払う契約者に対して約束する運用利回り。予定利率が高いと払い込み保険料を抑えることができる。

# 高利回りが狙える外貨建てMMF

> **Point**
> - 外貨建てMMFは、外貨で運用する公社債投資信託
> - iDeCoでは外貨建てMMFに投資できる場合がある

## 円建てMMFや外貨預金より利回りは高め

外貨建てMMFとは、米ドルやユーロなど外貨で運用する公社債投資信託です。債券投資で得られる利息のほか、円安になれば為替差益が得られる点が特徴です。利息(分配金)に関しては、円建てのMMFなどと比較すると高めであり、利回りに魅力を感じる人もいることでしょう。また、外貨預金と比較しても利回りが高めで為替手数料が安いのもメリットです。

いつでも解約できますが、為替差益と利息などから得られる分配金には20.315%の税金がかかります。

税金の面では外貨預金と変わらないと言えますが、手数料、利回りを考慮すると運用するなら外貨建てMMFのほうが投資効率がよいと言えるでしょう。証券会社や銀行で購入できますので、外貨に興味がある投資初心者に向いた金融商品です。

## 為替差益狙いなら米ドル・ユーロ以外も

外貨建てMMFでは、さまざまな外貨を選ぶことができます。基本は米ドルとユーロが主体になりますが、豪ドルや南アフリカランド、カナダドルなども金融機関によっては選択可能です。複数の通貨に分散し、為替変動のリスクを減らすことも考えておきましょう。

米ドルやユーロと比較するとリスクは高くなりますが、為替変動での為替差益狙いであれば豪ドルなどへの投資もよいかもしれません。

なお、NISA口座では投資対象となっていませんが、iDeCo(P.172参照)では外貨建てMMFに投資できる場合があります。将来の年金の一部としたい場合には、iDeCoで外貨建てMMFを活用することも検討してみましょう。

いずれにせよ、分散投資を心がけ、通貨分散、時間分散を図っていくことをおすすめします。

---

**MMF** Money Market Fundの略で公社債などを投資対象とする投資信託の1つ。株式を投資対象としないため、公社債投資信託と呼ばれる。公社債とは公共債と民間債の総称。

KEYWORD

## 外貨建て MMF のメリット

債券投資で**利息**が得られる

円建て MMF より**利息**が高い

**円安**だと為替差益が得られる

外貨預金より**為替手数料**が安い

「解約しよう」
いつでも解約でき**信託財産留保額**（解約手数料）がかからない

## 外貨建て MMF の買い方

**STEP1　外国株取引口座の開設**

**STEP2　入金して買付**

### 円貨入金
証券口座にある日本円をそのまま入金する方法

【買付余力がある（口座にお金がある）場合】
そのまま外貨建て MMF を購入

【買付余力がない（口座にお金がない）場合】
証券口座に日本円を入金してから購入
⇒**自動的に外貨に為替取引される**

### 外貨入金
外貨のまま入金する方法

① 外貨を外国株取引口座に入金
② 外貨で外貨建て MMF を購入
⇒**為替レートに左右されない**

**STEP3　買付注文を出す**

① 証券サイトで外貨建て MMF のページに行き注文
② 目論見書を閲覧
③ 決済

金融機関により異なりますが、外貨建て MMF は10ドル（1,500円前後）程度から取引可能。資金が少なくても投資を始めることができます

---

**20.315% の税金**　外貨建て MMF の収益分配金は20.315%の税率で源泉徴収される。特定口座（P.94参照）なら確定申告は不要。譲渡損や為替差損が出ても同口座にある株式等の譲渡益などと損益通算される。

# 何倍もの資金で売買できる FXの活用

**Point**
- レバレッジをきかせて利益を大きく得ることが可能
- レバレッジ1倍にすれば、外貨預金よりもコストを抑えた運用が可能

## 外貨に投資する点は外貨預金と同じ

FXは外国為替証拠金取引といって、証拠金（あらかじめ証券会社等の口座に入れた現金）をもとに外貨を売買して利益を稼ぐ方法です。

外貨預金と異なるのは証拠金をもとに売買する点です。

証拠金を口座に入金すると何倍ものお金で取引ができます（日本は最大25倍）。これをレバレッジ取引といいます。100万円を口座に入金した場合、最大2,500万円分の外貨を購入できるということです。やり方次第ではレバレッジをきかせて利益を大きく得ることも可能です。

ただし、手元にあるお金以上に投資ができるため、裏を返せば損失も大きくなる可能性があることを理解しておかなければなりません。利益確定、損切りをうまく利用できる人はFXも使い勝手がよいと言えるかもしれません。

## 円安でも円高でも利益を得られる

FXは一部の証券会社、FX専業会社などで利用できます。外貨を購入するほか、外貨を売るという視点からも売買できるため、円安、円高いずれでも利益を得られます。

また、例えば金利の低い通貨（円）を売り、金利の高い通貨（米ドル）を購入すると、金利差で発生するスワップポイント（損益）を得ることができます（逆の場合はスワップポイントを払わなければなりません）。

FXのよい点は売買手数料が無料のケースも多く、無駄なコストがかからない点です。例えば入金した金額と同じ額までの外貨購入であれば、外貨預金となんら変わらないにもかかわらず、売買手数料がかからないためコストの面で有利に運用できると考えられます。

---

**利益確定と損切り**　利益確定とは、保有しているポジション（持ち高）に利益が出ているときに決済し利益を確定させること。損切りは売買で損失を確定させ損失を抑えること。ロスカットとも呼ばれる。

KEYWORD

## 💴 FXのしくみ（米ドルと日本円の取引の場合）

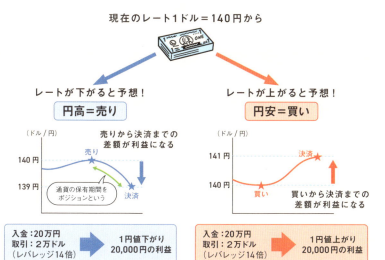

## 💴 スワップポイントのしくみ

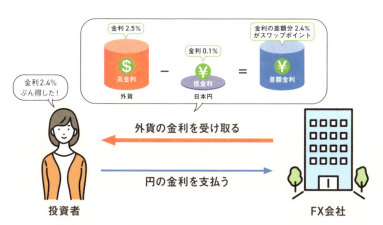

スワップポイントは、ポジションを保有している間に増え（減ることもある）、ポジションを決済したときに付与される。ただし通貨ペアによっては得られない場合もある。

---

**通貨ペア** 2つの通貨の組み合わせのこと。「/」で区切って表示する。左に表示される通貨を取引通貨、右に表示される通貨を決済通貨と呼ぶ。米ドルと円ならUSD/JPY、ユーロと米ドルならEUR/USDと示す。

KEYWORD

# 為替市場の中心通貨 米ドルとユーロ

CHAP 7 / 07 各通貨の特徴

> **Point**
> - 米ドルは世界の基軸通貨
> - 為替市場は米ドル中心であるが、時にはユーロに注目が集まることも

## 米ドル高になるとほかの通貨は安くなる

　外貨建ての投資を行ううえで、運用パフォーマンスに影響を与える通貨選びは大切なポイントの1つです。各通貨の特徴を押さえておきましょう。

　米ドル（通貨コード：USD）は世界の基軸通貨であり、最も多くの国や地域で通用する通貨です。為替市場においても圧倒的な取引量を誇っています。そのため、米ドルを介して各通貨の交換比率が決定されています。基本的に米ドル中心に取引が行われているため、米ドル高になるとほかの通貨は安くなる傾向があります。

　米ドルの変動は、米国の中央銀行にあたるFRBの政策金利に左右されます。FRBにおける中心的な組織であるFOMC（P.50参照）が、政策金利であるFFレートや金融政策を決定します。FFレートが上昇すれば米ドル高に、下落すれば米ドル安となる傾向があります。

## 米国の経済が悪化するとユーロが買われる

　ユーロ（通貨コード：EUR）はヨーロッパでおもに通用する通貨です。米国の経済状況が悪化するなど、米ドルにマイナス要因がある場合には代替としてユーロが買われることがあります。市場での取引量もEUR/USDが最も多いです。かつて各国政府が保有する外貨準備はほとんどが米ドルでしたが、現在はユーロ比率も高まっています。

　ユーロ圏の政策金利はECB（欧州中央銀行）が決定します。ユーロ圏経済の中心はドイツであるため、Ifo景況感指数やZEW景況感指数といったドイツの経済指標が通貨ユーロに影響を与える側面があります。また、複数の主要通貨に対するユーロの為替レートを指数化したユーロインデックスでは、ユーロの強さを確認できます。上昇していればユーロの価値が上がっている（＝ユーロ高である）ことを示します。

---

**基軸通貨**　貿易や資本取引など国際間の決済において広く使用される通貨のこと。現在、米ドルが基軸通貨となっている。

KEYWORD

## 外国為替市場取引額のシェア推移

> ユーロ、日本円のシェアは やや低下気味

> 米ドルのシェア率は 年々高まって きている

|       | 2007年 | 2010年 | 2013年 | 2016年 | 2019年 | 2022年 |
|-------|--------|--------|--------|--------|--------|--------|
| USD   | 42.8   | 42.4   | 43.5   | 43.8   | 44.1   | 44.2   |
| EUR   | 18.5   | 19.5   | 16.7   | 15.7   | 16.2   | 15.3   |
| JPY   | 8.6    | 9.5    | 11.5   | 10.8   | 8.4    | 8.3    |
| GBP   | 7.4    | 6.4    | 5.9    | 6.4    | 6.4    | 6.5    |
| CNY   | 0.2    | 0.4    | 1.1    | 2      | 2.2    | 3.5    |
| AUD   | 3.3    | 3.8    | 4.3    | 3.4    | 3.4    | 3.2    |
| CAD   | 2.1    | 2.6    | 2.3    | 2.6    | 2.5    | 3.1    |
| CHF   | 3.4    | 3.2    | 2.6    | 2.4    | 2.5    | 2.6    |
| HKD   | 1.4    | 1.2    | 0.74   | 0.9    | 1.8    | 1.3    |
| SGD   | 0.6    | 0.7    | 0.7    | 0.9    | 0.9    | 1.2    |
| その他 | 11.6   | 10.2   | 10.6   | 11.1   | 11.74  | 10.8   |
| 合計   | 100.0  | 100.0  | 100.0  | 100.0  | 100.0  | 100.0  |

> 中国人民元の シェアが徐々 に高まってき ている

出典：国債通貨研レポート「2022年 BIS 世界外国為替市場調査について」

## ユーロインデックスの見かた

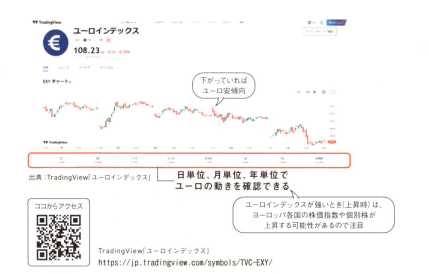

出典：TradingView「ユーロインデックス」

> 下がっていれば ユーロ安傾向

> 日単位、月単位、年単位で ユーロの動きを確認できる

> ユーロインデックスが強いとき（上昇時）は、 ヨーロッパ各国の株価指数や個別株が 上昇する可能性があるので注目

ココからアクセス

TradingView「ユーロインデックス」
https://jp.tradingview.com/symbols/TVC-EXY/

---

**FFレート** 米国の短期金利の代表的な指標。フェデラル・ファンド（Federal Funds）市場（無担保コール市場）で形成される。

CHAP 7
## 08 安全資産だった日本円 値動きが激しい英ポンド

各通貨の特徴

> **Point**
> ● 日本円は、低金利通貨の代表通貨である
> ● 英ポンドは、値動きが激しい通貨として知られている

### 日本円の今後の動きに注意

米ドルとユーロに次いで取引量が多いのは日本円（通貨コード：JPY）です。低金利通貨の代表的な存在であり、海外のヘッジファンドなど外国人投資家が日本円を調達し、ほかの通貨で運用して金利を稼ぐといった手段に利用されます。日本は政治や経済が比較的安定しておりテロなどの世情不安リスクも低いため、日本円は安全資産の1つとして認識されてきました。しかし、以前とは異なる動きも見られるようになっています。以前であれば世界経済の後退や戦争などがあると「有事の円買い」が生じ、円高に振れることが多かったのですが、昨今では日本経済の衰退なども相まって、必ずしも有事の円買いとはならなくなってきています。むしろ日米の金利差が拡大することで、ドル高円安の流れが継続しています（2024年7月時点）。そのため、過去のような日本円の動きとは異なってくる可能性がある点には注意が必要です。

### 英ポンドは他通貨に比べて金利が高め

次に取引量が多いのが英ポンド（通貨コード：GBP）です。イギリスは比較的金利が高いことが多いため、日本円で資金調達を行い、英ポンドで運用するキャリートレードが行われることがあります。イギリスの金融政策は、イングランド銀行が決定します。イギリスは貿易赤字と財政赤字という双子の赤字を抱えており、その結果、通貨安を引き起こし、物価上昇率が高くなる懸念があります。それを1つの要因として、先進国の中では金利が高くなる傾向にあります。英ポンドは比較的値動きが激しい通貨の1つでもあるため、値動きをとらえて短期での売買で利ザヤ（借りたお金の金利よりも高い金利で貸し出して得る利益）を稼ぐなどといった方法も検討できるでしょう。

---

**ヘッジファンド** 多様な投資手法を用いて、市場価格が上昇しても下落しても利益を追求するファンドのこと。

KEYWORD

## 外国為替取引額の地域別シェアと主要通貨取引額の地域別シェア

### 主要通貨の取引額の地域別シェア（2022年）

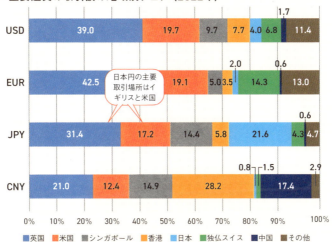

| 通貨 | 英国 | 米国 | シンガポール | 香港 | 日本 | 独仏スイス | 中国 | その他 |
|---|---|---|---|---|---|---|---|---|
| USD | 39.0 | 19.7 | 9.7 | 7.7 | 4.0 | 6.8 | 1.7 | 11.4 |
| EUR | 42.5 | 19.1 | 5.0 | 3.5 | 2.0 | 14.3 | 0.6 | 13.0 |
| JPY | 31.4 | 17.2 | 14.4 | 5.8 | 21.6 | 4.3 | 0.6 | 4.7 |
| CNY | 21.0 | 12.4 | 14.9 | 28.2 | 0.8 | 1.5 | 17.4 | 2.9 |

日本円の主要取引場所はイギリスと米国

出典：国債通貨研レポート「2022年 BIS 世界外国為替市場調査について」

### 世界の外国為替取引額の地域別シェアの推移

イギリスでの取引が多い

| | 2007年 | 2010年 | 2013年 | 2016年 | 2019年 | 2022年 |
|---|---|---|---|---|---|---|
| 英国 | 34.6 | 36.7 | 40.8 | 36.9 | 43.2 | 38.1 |
| 米国 | 17.4 | 17.9 | 18.9 | 19.5 | 16.5 | 19.4 |
| シンガポール | 5.6 | 5.3 | 5.7 | 7.9 | 7.7 | 9.4 |
| 香港 | 4.2 | 4.7 | 4.1 | 6.7 | 7.6 | 7.1 |
| 日本 | 5.8 | 6.2 | 5.6 | 6.1 | 4.5 | 4.4 |
| スイス | 5.9 | 4.9 | 3.2 | 2.4 | 3.2 | 3.6 |
| フランス | 3.0 | 3.0 | 2.8 | 2.8 | 2.0 | 2.2 |
| ドイツ | 2.4 | 2.2 | 1.7 | 1.8 | 1.5 | 1.9 |
| カナダ | 1.5 | 1.2 | 1.0 | 1.3 | 1.3 | 1.7 |
| 中国 | 0.2 | 0.4 | 0.7 | 1.1 | 1.6 | 1.6 |
| その他 | 19.3 | 17.4 | 15.5 | 13.4 | 10.7 | 10.7 |
| 合計 | 100.0 | 100.0 | 100.0 | 100.0 | 100.0 | 100.0 |

出典：国債通貨研レポート「2022年 BIS 世界外国為替市場調査について」

世界の外国為替市場では、突出してイギリスでの取引が多くなっている。また、主要通貨の取引額の地域別シェアを見ると、日本円は日本での取引が多いものの、メインはイギリスと米国であることがわかる。流動性を考慮すると、主要通貨と呼ばれる、米ドル、ユーロ、日本円、英ポンド、中国人民元を中心に外貨建て商品の売買を行うべきと言える。

---

**キャリートレード** 金利差を狙った取引のこと。金利の低い通貨を売り、金利の高い通貨を買うことで金利差による利益を出す手法。

## COLUMN 7
# WISEをもとに外貨を複数保有してみる

### 外貨を保有する以外に送金も可能

　複数の外貨を保有してみたい。この場合に真っ先に思い浮かべるのは外貨預金でしょう。銀行などで外貨預金を行い、日本よりも高い金利を享受する。もちろん、外貨預金での運用でもかまいません。ただし、外貨預金の場合には米ドルやユーロなど一部の通貨に限られるケースがほとんどです。

　ほかの通貨にも両替してみたい。そういった人にとって海外への送金手段であるWISEは外貨投資の第一歩としても利用できます。WISEは、イギリスに本社があるWise Payments Limitedの日本法人が提供するサービスです。世界中のほとんどの国や通貨に対応しているうえに、もともと海外送金手段として作られたものであるため日本では第一種資金移動業者として登録および認可を受けています。

　また、さまざまな通貨を保有する手段としても活用が可能です。例えば、チャージ機能を利用して米ドルやユーロだけではなく、英ポンド、シンガポールドル、ベトナムドンなどの通貨を持つことができます。

### 利息は付かない。為替差益の享受は可能

　注意点は、WISEは外貨預金ではないため利息が付かないこと。また、資金決済法により、日本のユーザーは100万円相当の外貨までしかチャージすることができません。そのため、外貨投資への第一歩として活用する、外貨預金では投資できない通貨に投資するといった目的を決めて活用するとよいでしょう。利息は付かなくても為替差益を得ることは可能です。

　なお、チャージした外貨は、海外で利用することも可能です。その場合にはWISEデビットカードを作成する必要があります。40種類の通貨に対応しており、今後さらに取引できる通貨が拡大する可能性があります。海外の通販などでの支払いにも利用でき、海外送金は銀行を通して行うよりも早く決済できます。海外送金にかかる手数料も低く抑えられているため、海外に住む子どもなどへの送金も簡単にできます。

　100万円相当までという上限がある点はデメリットにはなるものの、うまく活用して複数の外貨を持つことも検討してみるとよいでしょう。

CHAP

# 8

# 税制優遇制度を活用する

本章では、NISAとiDeCoを詳しく紹介しながら、税制優遇制度について解説します。利益が非課税になるNISA、掛金が全額所得控除となるiDeCoと両制度にはメリットが多数。また、運用商品の選び方などもあわせてお伝えします。

# CHAP 8
## 01 資産運用における税金とは？

▼課税税率

> **Point**
> - 資産運用で得た利益には20.315％が課税されるのが原則
> - 不動産と金（ゴールド）などの貴金属は課税内容が異なる

### 利益には20.315％の税金が課税される

資産運用によって利益が出ると、多くの場合、資産運用で得た利益に対して20.315％（所得税15％＋住民税5％＋復興特別所得税0.315％）の税金がかかります。資産運用で得た利益は確定申告をするのが原則ですが、預貯金や国債などの利子、公社債投資信託の分配金については利子所得に該当し、利子は20.315％の税金が差し引かれた状態で受け取ります。そのため確定申告は不要です。同様に、株式の配当金や株式投資信託の分配金は配当所得として20.315％の税金が課されますが、通常は源泉徴収されるしくみを利用するため、確定申告は不要です。

ただし、株式の売却損と損益通算をしたいという場合は、ほかの所得と区別して税額を計算して確定申告で納税する申告分離課税を行うほうが節税につながります。なお、株式や投資信託、債券などの売却益は基本的に譲渡所得として20.315％が課税されます。

### 不動産や貴金属の売却は課税税率や特別控除に注意する

不動産を売却した場合には、譲渡した年の1月1日時点で所有期間が5年以下の場合には短期譲渡所得、5年超の場合には長期譲渡所得に該当します。短期譲渡所得の場合には、39.63％（所得税30％＋住民税9％＋復興特別所得税0.63％）、長期譲渡所得の場合には、20.315％の税金がかかります。

また、金・銀などの貴金属の売却は、通常は譲渡所得で計算されますが、総合課税の対象となるため、給与などほかの所得と合算して税金は計算されます。50万円を特別控除として差し引くことができるため、年間で50万円までの売買益であれば税金はかからないことになります。なお、営利目的の貴金属の売買は、事業所得または雑所得として総合課税の対象となります。

---

**源泉徴収** 証券会社や銀行などが自動で税金を差し引くしくみ。特定口座（源泉徴収あり）を選択することで利用可能。

KEYWORD

## 利益に対して原則20.315%が課税される

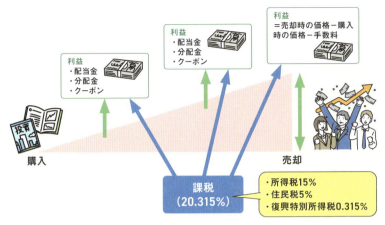

資産運用で得た利益には原則20.315%が課税される。利益が出た場合は確定申告をして納税する必要がある。ただし、取引口座を開設する際に「特定口座（源泉徴収あり）」を選ぶと源泉徴収されるため、確定申告をする必要がない。

## 資産運用における税金一覧

| 金融商品 | 税金 |
| --- | --- |
| 預金 | 利息部分に対して20.315% |
| 外貨預金 | 利息部分に対して20.315%。為替差益部分は雑所得として総合課税（個人の所得税率による） |
| 株式投資 | 売買益、配当金ともに20.315% |
| 投資信託 | 売買益、配当金ともに20.315% |
| 個人向け国債 | 利息部分に対して20.315% |
| 外貨建てMMF | 利息部分に対して20.315%、償還差益は為替差益を含め20.315% |
| ETF（上場投資信託） | 売買益、配当金ともに20.315% |
| 不動産投資 | 家賃収入は個人の所得税率による。売却益は短期39.63%、長期20.315% |
| J-REIT | 売買益、配当金ともに20.315% |
| FX（外国為替証拠金取引） | 売買益、スワップポイントともに20.315% |
| 先物取引 | 利益に対して20.315% |

復興特別所得税は2037年まで実施されます。2038年からは、所得税と住民税のみの課税となるため、20.315%は20%となる見込みです

---

**特別控除** 所得を計算時に差し引くことができる金額。貴金属の売買による譲渡所得の場合には、50万円が差し引ける。

KEYWORD

CHAP 8

## 02 NISA のしくみ

▼
利益が非課税

> Point
> ● NISA を利用すればいつ売却しても非課税の恩恵が受けられる
> ● つみたて投資枠と成長投資枠は、両方でも片方だけでも利用 OK

### NISA にはつみたて投資枠と成長投資枠がある

NISA は、老後資金など中長期的な資産形成を図るのに最適な投資の制度です。特徴は、定められた投資額以内で得た利益には税金がかからず、いつでも現金化できること。20.315％の税金がかからない点が最大の魅力です。

NISA は、2 つの投資枠から構成されます。1 つがつみたて投資枠、もう 1 つが成長投資枠です。つみたて投資枠とは、毎月など定期的にコツコツ積み立てて運用を行う投資枠を指します。一方、成長投資枠は、例えば株価が大きく下がったときなどにスポットで購入するなど、好きなタイミングで売買できる投資枠です。

つみたて投資枠では年間に 120 万円まで、成長投資枠では年間に 240 万円まで投資を行うことができます。両方の投資枠を利用することもできますし、片方だけを利用して運用していくことも可能です。生涯投資上限は合計 1,800 万円までなので、両方の枠を毎年最大限使用すれば、早ければ 5 年間で枠をすべて使い切ることになります。

2 つの投資枠は、投資対象商品が異なります。つみたて投資枠では、長期の積立・分散投資に適した一定の投資信託が投資対象商品です。一方、成長投資枠では、上場株式や投資信託 ETF、REIT 等が投資対象商品になります。ただし、上場株式に関しては整理銘柄、監理銘柄は対象外です。また、信託期間が 20 年未満、リスクが高い高レバレッジ型の投資信託、毎月分配金が支払われる可能性がある毎月分配型の投資信託なども対象外となります。できる限り中長期の運用ができるように投資商品もしぼられています。

年間で 360 万円の投資を行うことができれば両方の枠を目いっぱい利用することも可能ですが、なかなか難しいのが現実です。そのため、積立投資を中心に運用したいならつみたて投資枠を、上場株式を中心に運用したいなら成長投資枠を主に利用し、無理のない範囲で活用していくとよいでしょう。

---

**つみたて投資枠**　年間 120 万円の投資枠。積立投資で利用する。つみたて投資枠だけで 1,800 万円の上限利用が可能。金融庁が定めた基準を満たす投資信託に投資する。

KEYWORD

## NISAはつみたて投資枠と成長投資枠の2本柱

つみたて投資枠は、長期間にわたってコツコツお金を増やしていくのに向いています

成長投資枠では、株式投資など、つみたて投資枠では運用できない金融商品にも投資できます

| つみたて投資枠 | | 成長投資枠 |
|---|---|---|
| 120万円 | 年間投資可能枠 | 240万円 |
| 無制限 | 非課税保有期間 | 無制限 |
| 金融庁の基準を満たした投資信託 | 投資商品 | 上場株式や投資信託など（リスクの高い商品は除く） |
| 積立 | 投資方法 | 積立・一括 |

つみたて投資枠は、長期の積立・分散投資を目的としているため、対象商品も金融庁がそれに適していると認める投資信託が対象

成長投資枠は幅広い金融商品に投資可能。ただし、NISA制度の目的が金融商品の長期保有による継続的な資産形成であるため、除外条件が設けられている

成長投資枠は、株式投資なども投資対象ですが、生涯投資枠の売却枠（空き枠）は翌年にならないと復活しません（下図参照）。そのため、短期間で売買を繰り返すデイトレードのような投資には適しません

## 投資可能枠の再利用が可能

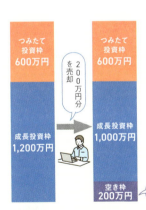

200万円分の空き枠が復活！

**生涯投資上限額⇒1,800万円**
→成長投資枠の上限は1,200万円
→1,800万円をつみたて投資枠で使い切ってもよい
→つみたて投資枠で使い切る場合は、最短で15年かかる（1,800万円÷年間120万円＝15年）

**投資枠の再利用に関するポイント**
・売却すると、含み益や含み損は関係なく、元本ベースの投資枠分が売却した翌年に復活
・復活した投資枠は、つみたて投資枠・成長投資枠のどちらで再度購入してもOK（ただし、年間の上限枠まで）

若年世代や子育て世代などでは、年間で合計60万円を利用し、30年間で1,800万円の枠を使い切るといった方法や、年間120万円のつみたて投資枠のみを利用し15年で1,800万円の枠を使い切るといった方法が検討できます

---

**成長投資枠** 年間240万円の投資枠。通常の株式取引のほか、積立などでも利用可能。ただし、上場廃止予定の株式やリスクの高い金融商品は除外される。最大1,200万円まで利用可能。

KEYWORD

CHAP 8

## 03 iDeCoのしくみ

老後資金づくり

> **Point**
> - iDeCoとは、確定拠出年金のこと
> - 支払い時・運用時・受け取り時のいずれにおいても税制優遇が適用される

### iDeCoは老後資金構築のための手段である

iDeCoとは、個人型確定拠出年金のことです。国民年金や厚生年金は強制加入の公的年金ですが、iDeCoは強制加入ではなく、老後資金づくりのための自助努力で行う任意加入の私的年金制度です。公的年金と大きく異なる点は、掛金を自分で運用する必要があること。そのため、ある程度の運用の知識を身につけ、決めた目標に向けて毎月または年1回以上掛金を拠出し、投資信託などで運用をしていかなければなりません。iDeCoは原則として、20歳以上65歳未満で国民年金の被保険者が加入できます。

ただし、国民年金の掛金を支払っている期間のみ加入ができ、掛金を未納・納付猶予・納付免除されている期間中はiDeCoに加入できません。

### iDeCoの魅力は節税効果の高さ

iDeCoに加入するメリットは、節税効果がある点です。iDeCoに加入した場合、支払う掛金は小規模企業共済等掛金控除の対象となり、所得控除が適用できるため、所得税や住民税の節税につなげられます。運用時に発生する利益の課税は、将来年金として受け取るときまで繰り延べができます。

また、年金として受け取るときにも公的年金等控除の対象となるほか、一時金として受け取る場合には退職所得としてみなされるため、退職所得控除を差し引くことができます。このように、支払い時・運用時・受け取り時のいずれにおいても税制優遇のしくみがあるため、老後資金構築にはもってこいの手段といえます。

なお、右ページの表のように、毎月支払うことのできる掛金が職業によって異なります。まずは、自分の掛金上限額を確認しましょう。

---

小規模企業共済等掛金控除　iDeCoや小規模企業共済などの掛金を支払った際に適用できる所得控除。通常の投資では掛金は控除できない。

KEYWORD

## iDeCo のしくみ

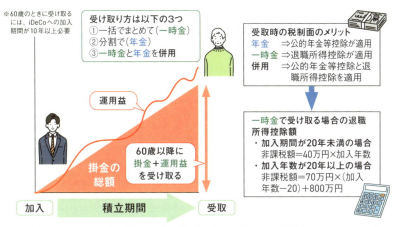

一時金でまとめて受け取る場合、加入年数が10年の場合は400万円までが非課税。加入年数が25年の場合、1,150万円までが非課税になる。そのため、長期で加入したほうが将来、より多く非課税で受け取れる。

## iDeCo の掛金の上限額

| 加入資格 | | 拠出限度額 |
|---|---|---|
| 自営業者、学生等（第1号被保険者）[※1] | | 月額68,000円（年額816,000円） |
| 会社員等<br>（第2号被保険者） | 企業年金なし | 月額23,000円（年額276,000円） |
| | 企業型確定拠出年金のみ加入 | 月額20,000円（年額240,000円） |
| | 企業型確定拠出年金[※2]と<br>確定給付企業年金[※3]に加入[※4] | 月額12,000円（年額144,000円） |
| | 確定給付型企業年金のみ加入 | 月額12,000円（年額144,000円） |
| 公務員（第2号被保険者）[※4] | | 月額12,000円（年額144,000円） |
| 専業主婦（夫）等（第3号被保険者） | | 月額23,000円（年額276,000円） |

※1 第1号被保険者は、国民年金基金または国民年金付加保険料との合計の上限を示す
※2 企業が掛金を毎月積立（拠出）し、加入者である従業員がその内容に基づいた給付を受ける企業年金制度
※3 事業主が従業員と給付内容をあらかじめ取り決め、高齢期において従業員がその内容に基づいた給付を受ける企業年金制度
※4 2024年12月より掛け金上限額が変更になり、月額20,000円まで拠出ができるようになる予定

どの区分であっても毎月5,000円が掛金の最低金額。上限の範囲内で1,000円単位で自由に金額が決められる。1年単位で拠出金額を決めることもでき、また毎月ではなく年1回以上でまとめて拠出する年単位拠出も可能。ただし、2024年12月以降は、国民年金の第1号および第3号被保険者、企業年金のない会社勤めの人を除き、年単位の拠出ができなくなる。

**公的年金等控除** 公的年金等を受け取る際に差し引ける控除。年金額から公的年金等控除を差し引いたうえで税金が計算される。

## CHAP 8
## 04 NISAとiDeCoの使い分け

流動性や節税

> Point
> ● NISAは現金化を考慮した資産運用として利用する
> ● iDeCoは長期運用や節税を重視して利用する

### 老後資金対策ならiDeCo、流動性重視ならNISA

　NISAとiDeCoは両方を利用することができますが、例えば自営業者の場合、iDeCoでは年81万6,000円まで利用できるため、NISAとあわせて年間で最大441万6,000円の利用が可能です。とはいえ、すべての投資枠を使い切るのは一般的には難しいものです。

　では、どのように使い分ければよいでしょうか。この点に関しては、投資家自身の考え方次第です。例えば、できるだけ強制的に老後資金を構築できるようにしたいのであれば、iDeCoを中心に運用を行うべきです。iDeCoは原則60歳以降にしか引き出せないため、生活費や教育費などが不足しないように、掛金は慎重に設定しましょう。

### 年齢やライフステージによって使い分けを考える

　ある程度計画的に運用ができるものの、何かあった場合には売却し現金化することで対応するようにしていきたい。そのように考えている場合には、NISAを中心に運用すべきです。新NISAではいつ売却しても非課税の恩恵が受けられますし、売却後早ければ2日後には現金に換えることができます。そのため、不測の事態のときにも現金化できる点にメリットがあります。

　なお、iDeCoとNISAを併用する場合には、予算、年代、流動性などを考慮して、どちらにどれくらい運用資金を回すかを検討します。例えば、40～50代の人で子どもの教育費も一段落し、老後資金を本格的に構築したいといった場合には、収入が多いほど節税効果が期待できるiDeCoを最大限利用したうえで、余裕資金からNISAの運用を行うのがよいでしょう。一方、20～30代の場合、それぞれ月々5,000円～1万円程度からコツコツ投資を行い、余裕ができたらいずれかの投資金額を増やしていくことを検討してみましょう。

---

売却後早ければ2日後　約定後、実際にお金の受け渡しが行われる日を受渡日という。受渡日は、投資信託は約定日から2～5営業日後、上場株式は約定日から2営業日後となる。

KEYWORD

## iDeCo と NISA にそれぞれ向いている人

iDeCoは、年収が高いほど所得控除による節税効果が大きい。老後資金を構築したい人に向いている。

NISAは、引き出し制限がない。ライフステージの変化によってお金が必要な場合、すぐに現金化が可能。

## iDeCo と NISA を使い分ける基本的な考え方

iDeCoとNISAはまったく別の制度であるため、併用することができます。投資に回す資金に余裕があるなら、両制度をフル活用するのがおすすめです

**節税効果** iDeCoの掛金は小規模企業共済等掛金控除（P.172参照）の対象となり、所得控除を受けることができる（所得により異なる）。

CHAP 8

05 米国市場に投資

## つみたて投資枠を利用した運用商品の選定の仕方

Point
- S&P500に投資するインデックスファンドを軸に投資対象を検討する
- 目標金額を決め、運用額が到達したら利益確定を検討する

### 先進国に投資するなら米国重視の運用がおすすめ

NISAのつみたて投資枠を利用した投資において、中長期的な期間で利益を出すためには、成長が期待できる国に投資することが重要です。もし先進国中心の投資を検討しているのであれば、まずは米国重視の運用を検討してみましょう。米国の実質GDP成長率は年2～3％程度で、先進国の中でも高い成長率を維持しています。市場規模や成長企業数などからも、今後も世界経済の中心であると予想されます。10年単位の中長期で見た場合に今後も有望な投資先と考えられます。

米国市場への投資を考える場合、つみたて投資枠を利用して、S&P500に投資するインデックスファンドがおすすめです。その中でも、三菱UFJ国際投信が運用する「eMAXIS Slim米国株式（S&P500）」は、米国の株価指標であるS&P500に連動した投資成果が期待できるほか、運用管理費用である信託報酬が低く、中長期的な資産形成に向いている投資信託であるため、初心者でも投資しやすい商品だといえます。

### 目標額を設定して利益確保を目指そう

「eMAXIS Slim米国株式（S&P500）」は原則として為替ヘッジを行いません。そのため、円高ドル安に進んだ場合には為替差損が発生する点に注意が必要ですが、つみたて投資では分散投資が可能です。為替・株価両面においてならして購入できるため、リスクもある程度、軽減できます。仮に毎月10万円（年120万円）を投資して15年で新NISA制度の非課税枠を使い切り、目標金額に到達したら、運用期間にかかわらず、いったん売却して資産を確保すべきでしょう。もちろん、継続して運用するのも可能ですが、無理をせず、確実に利益確定（P.160参照）することも投資戦略としては大切なことです。

---

S&P500　ニューヨーク証券取引所とナスダックに上場する銘柄から選出された、代表的な500銘柄で構成される株価指数。

KEYWORD

## つみたて投資枠を利用した運用商品の選定の仕方（米国株式の場合）

①政治、経済両面から考えると、世界における米国の優位性は今後も続くと考えられる
②三菱UFJ国際投信が運用する信託報酬の低い「eMAXIS Slim米国株式（S&P500）」に注目する
③つみたて投資枠での運用を検討する

**直近10年間のS&P500指数の値動き**

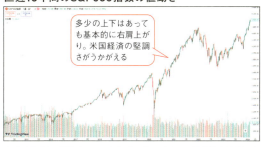

多少の上下はあっても基本的に右肩上がり。米国経済の堅調さがうかがえる

出典：TradingView

今後も堅調に推移するのであれば、「ほったらかし投資」も可能。ただし、数十年先のことは誰も予想できないことも起こり得るため、定期的な見直しや他の資産でのリスクヘッジも検討すること。

## 三菱UFJ国際投信「eMAXIS Slim 米国株式（S&P500）」の特徴

・S&P500指数（配当込み、円換算ベース）に連動する投資成果を目指す
・原則として、為替ヘッジは行わない

2018年7月3日に設定された投資信託

2024年5月27日現在、基準価額は29,922円。設定時から6年弱で約3倍に

出典：三菱UFJアセットマネジメント「eMSXIS Slim 米国株式（S&P500）」

リスクを取ってもよい人は、NISAでは「eMAXIS Slim米国株式(S&P500)」の1点買いでもよいかもしれません。ただし、全体の資産構成を考えた場合は、リスクヘッジを兼ねて現預金や債券、金などの金融商品もある程度、保有しておきましょう

---

**為替ヘッジ** 為替変動のリスクを回避するため、将来の為替レートをあらかじめ決めておく方法。投資信託でも活用されている。

KEYWORD

# 成長投資枠を利用した株式の選定の仕方

成長企業探し

**Point**
- 中長期投資であれば伸びしろのある企業を探す
- 短期投資なら騰落レシオなどの指標からタイミングを図る

## インバウンド需要や海外売上比率に注目する

成長投資枠を利用して中長期の株式投資を行いたい場合には、成長性を重視した株式投資を行うべきです。例えばインバウンド需要が見込める企業に投資する例で考えてみましょう。日本政府は2030年に訪日外国人数を年間で6,000万人にする目標を掲げています。月間500万人目標ですが、2024年2月は月間で278万人の外国人が日本を訪れています。つまり、今後2倍程度の訪日外国人数を想定しており、訪日外国人向けのWi-Fi端末のレンタルを行う企業、ホテル、鉄道、航空会社などの需要増が見込まれています。

また、海外での売上が伸びている企業を探す方法もあります。国内需要が頭打ちのため、海外市場に活路を求める日本企業も多くあります。こうした勢いのある企業を複数選定し、中長期的に分散投資を図るのもよいでしょう。

## 短期売買は騰落レシオなどの指標を確認する

一方、成長投資枠を利用して短期売買を行いたい場合には、年間240万円の成長投資枠を毎年すべて利用して売買を行い、利益を出すことを検討しましょう。日経平均株価に連動するETFを売買するなら、株式市場の過熱感を示す指標である騰落レシオを活用します。例えば、25日騰落レシオがあります。これは25日間の値上がり銘柄数の合計を25日間の値下がり銘柄数の合計で割って求めます。騰落レシオは100%が中立の状態、120%以上になると過熱気味、70%以下では底値圏といわれています。そのため25日騰落レシオが70%前後になったら買い、25日騰落レシオが120%以上になったら売ることを考えましょう。状況によってPERを確認するなどほかの投資指標も確認しながら底値で拾い、高値で売ることも模索します。

---

**インバウンド需要** 日本における外国人旅行客の商品やサービスに対する需要。日本経済活性化の一因として期待されている。

KEYWORD

## 成長が期待できる投資先選び

**POINT 1　中長期的に成長が見込めるか？**
- 今後の拡大が期待できる業界かどうか考える
- 業界の市場規模が拡大しているか確認する

【今後、需要が見込まれる業界】
- インバウンド関連（訪日外国人向けサービス）
- 医療やヘルスケアなどの健康関連
- 電子部品・半導体、AI・自動運転などの最新技術
- ゲームなどのエンターテインメント

**POINT 2　業績は好調か？**
- 過去3～5期分の売上高や営業利益を確認する
- 『会社四季報』や証券会社のレポートで今後の業績予想を確認する

## 短期売買を行う場合は騰落レシオを確認する

> 6日間の値上がり銘柄数と値下がり銘柄数で計算。25日の騰落レシオは中期的な市場の過熱感を見る指標、6日間の騰落レシオは短期的な市場の過熱感を見る指標とされる

### 騰落レシオ 90営業日 ▶ 日経平均株価

| 日付 | 日経平均株価 | 日経平均（変化） | 東証一部出来高（百万株） | 値上がり銘柄数 | 値下がり銘柄数 | 騰落レシオ（25日） | 騰落レシオ（15日） | 騰落レシオ（10日） | 騰落レシオ（6日） |
|---|---|---|---|---|---|---|---|---|---|
| 2024-05-01 | 38,274.05 | -131.61 | 1,623 | 439 | 1,160 | 99.21 | 96.67 | 112.49 | 125.72 |
| 2024-04-30 | 38,405.66 | +470.90 | 2,074 | 1,374 | 247 | 103.52 | 108.87 | 104.73 | 195.66 |
| 2024-04-26 | 37,934.76 | +306.28 | 1,861 | 1,189 | 420 | 93.50 | 106.34 | 88.64 | 111.65 |
| 2024-04-25 | 37,628.48 | -831.60 | 1,594 | 234 | 1,389 | 92.54 | 96.04 | 83.25 | 121.36 |
| 2024-04-24 | 38,460.08 | +907.92 | 1,740 | 1,195 | 402 | 101.18 | 109.60 | 93.79 | 121.21 |
| 2024-04-23 | 37,552.16 | +113.55 | 1,430 | 936 | 651 | 101.64 | 102.74 | 85.90 | 78.69 |
| 2024-04-22 | 37,438.61 | +370.26 | 1,708 | 1,470 | 161 | 104.94 | 91.91 | 90.62 | 70.80 |
| 2024-04-19 | 37,068.35 | -1,011.35 | 2,168 | 86 | 1,554 | 100.02 | 75.48 | 85.49 | 56.37 |
| 2024-04-18 | 38,079.70 | +117.90 | 1,520 | 1,396 | 224 | 112.30 | 93.67 | 96.92 | 74.12 |
| 2024-04-17 | 37,961.80 | -509.40 | 1,778 | 226 | 1,388 | 102.43 | 77.19 | 88.38 | 58.51 |
| 2024-04-16 | 38,471.20 | -761.60 | 1,978 | 169 | 1,465 | 111.56 | | | 87.44 |
| 2024-04-15 | 39,232.80 | -290.75 | 1,608 | 690 | 910 | 112.29 | | | 136.96 |
| 2024-04-12 | 39,523.55 | +80.92 | 1,635 | 931 | 664 | 117.17 | 99.32 | 105.79 | 130.16 |
| 2024-04-11 | 39,442.63 | -139.18 | 1,607 | 697 | 893 | 114.14 | 106.44 | 94.06 | 134.95 |
| 2024-04-10 | 39,581.81 | -191.32 | 1,463 | 841 | 754 | 119.97 | 113.73 | 103.15 | 141.18 |
| 2024-04-09 | 39,773.13 | +426.09 | 1,551 | 1,155 | 441 | 121.02 | 115.78 | 95.96 | 110.75 |
| 2024-04-08 | 39,347.04 | +354.96 | 1,565 | 1,226 | 383 | 112.35 | 111.07 | 76.94 | 76.73 |
| 2024-04-05 | 38,992.08 | -781.06 | 1,826 | 566 | 1,026 | 107.72 | 123.93 | 87.52 | 81.26 |
| 2024-04-04 | 39,773.14 | +321.29 | 1,984 | 1,010 | 575 | 108.93 | | | 70.39 |

> 市場が過熱気味。そろそろ売りどき

出典：株式会社ストックブレーン「騰落レシオ 日経平均比較チャート」
https://nikkei225jp.com/data/touraku.php

ココからアクセス
世界の株価と日経平均先物

『騰落レシオ 日経平均比較チャート』の「騰落レシオ 90営業日」を確認すると、6日、10日、15日、25日の騰落レシオが確認できる。これらをもとに売買のタイミングを自身の投資法として確立できると成長投資枠をすべて利用した短期売買も可能になるだろう。ただし、金融危機などパニック状況のときは25日騰落レシオが70％どころか60％を割ることもあるので、経済状況の確認も忘れずに行う。

---

**騰落レシオ**　一定期間の値上がり銘柄数と値下がり銘柄数の比率を計算したテクニカル指標。市場の過熱感（売られすぎ・買われすぎ）を判断する際の指標になる。

# iDeCoを利用した投資信託の選定の仕方

**Point**
- iDeCoでは基本的に中長期投資が前提となる
- 地域や商品の分散を徹底した積立投資を実行する

## 元本確保型と元本変動型の違いを知る

iDeCoで買える金融商品には、「元本確保型」と「元本変動型」の2種類があります。元本確保型とは、定期預金や保険商品が該当します。あらかじめ決められた金利（利率）で運用され、投資した元本に利息が上乗せされます。銀行や保険会社が倒産といった状況や途中解約するといった状況にならなければ、一般的に元本割れ、つまり損をする状況にはなりません。一方、元本変動型とは、投資した金額（元本）が運用中に変動するものであり、iDeCoでは投資信託が該当します。

iDeCoを取り扱う金融機関によって、元本確保型と元本変動型の具体的な金融商品の種類は異なります。通常は、預金、保険、投資信託がiDeCoの運用商品であると考えましょう。

## リスク分散を徹底し、中長期的な資産形成を実行する

お金を貯めつつ、増やしたいなら投資信託で運用しましょう。iDeCoは老後資金確保のための手段であり、基本的に中長期投資が前提です。資産形成の軸となるのは、「少額でもコツコツと積立投資を行う」「時間だけでなく地域・商品分散を行ってリスクを軽減する」「成長が期待できるところに投資する」の3点です。

資産配分はバランス重視で均等に保有する、または成長性が見込める部分への投資配分を増やしてもかまいません。ただし、新興国に投資する商品は、政治・経済・法規制などのリスクがあります。手数料や信託報酬といったコストも考慮しながら、分散してリスクを抑えてリターンを高めていきましょう（右ページ表を参照）。

なお、目標に到達したら売却し、資産を預金や保険などの低リスクの金融商品に移すこと。経済状況の変化によって資産配分の見直しを行いましょう。

---

**商品分散** 株式や債券、不動産、貴金属など、複数の金融商品で分散させること。リスク軽減効果をもたらす。

KEYWORD

## 資産形成は「積立投資」「地域・商品に分散」「成長性」の3軸

コツコツ積立 / 分散 / 成長性

- 少額でもコツコツ積み立てていくのが基本
- 運用商品を分散させる
- 国内と海外、先進国と新興国など地域も分散させる
- 成長が期待できる業界や企業に投資する

iDeCoは、毎月または年単位で掛金を拠出するため、必然的に積立投資になる。また60歳になるまで資金を引き出すことができないため、上記の3軸をもとに中長期の資産形成を考えよう。

## 中長期投資で期待できる投資信託5選

| 投資信託名 | 信託報酬(年) | 特徴 |
| --- | --- | --- |
| たわらノーロード先進国株式 | 0.099% | 海外の株式を主要投資対象とする。日本を除く先進国22カ国に上場する大・中型株約1,300銘柄で構成された「MSCIコクサイ・インデックス」をベンチマークとし、それに連動する運用を行う。 |
| 楽天・全米株式インデックス・ファンド(楽天・VTI) | 0.132% | 米国の株式を主要投資対象とする。米国の株式市場に上場する約4,000銘柄をほぼ網羅する株価指数である「CRSP USトータル・マーケット」をベンチマークとし、それに連動する運用を行う。 |
| 楽天・全世界株式インデックス・ファンド(楽天・VT) | 0.132% | 海外の株式を主要投資対象とする。先進国から新興国まで全世界の株式市場の動きを表している株価指数である「FTSEグローバル・オールキャップ」をベンチマークとし、それに連動する運用を行う。 |
| たわらノーロード日経225 | 0.143% | 国内の株式を主要投資対象とする。「日経平均株価(日経225)」をベンチマークとし、それに連動する運用を行う。 |
| たわらノーロード先進国債券 | 0.187% | 海外の債券を主要投資対象とする。日本を除く世界の主要国国債の総合収益率を各市場の時価総額で加重平均した債券指数である「FTSE世界国債(日本を除く)」をベンチマークとし、それに連動する運用を行う。 |

楽天証券のiDeCoで投資できる投資信託から、成長性・信託報酬両面をもとに選定。例えば、たわらノーロード先進国株式、日経225、先進国債券を組み合わせることで、地域分散投資を行うことができる。

---

**新興国** 現在の経済水準は低いものの、高い成長性が期待できる国のこと。東南アジア、中南米などの国々が該当する。

# CHAP 8

## 08 NISAのデメリット

損益通算不可

**Point**
- NISAで損失が出た場合、損益通算や繰越控除ができない
- NISAのみの資産運用はリスクの高い金融商品ばかりになる恐れがある

### 非課税になるのはNISAで得た利益のみ

NISAはメリットばかりではありません。デメリットも理解したうえで活用しましょう。NISAのデメリットには次のようなものがあります。

まず、NISAは損益通算ができません。例えばNISA口座で保有する株式や株式投資信託が値下がりした後に売却して生じた損失を、課税口座（特定口座・一般口座：P.94参照）で保有する株式や株式投資信託などの配当金や分配金、売却益などの収益と相殺して税金を計算することはできないのです。

また、繰越控除も行えません。繰越控除とは確定申告の際に、その年の所得の損失を繰り越して、翌年の所得金額から差し引くことができるものです。最大で3年間繰り越せるのですが、NISA口座での取引で生じた損失を翌年の利益と相殺することはかないません。なお、NISA口座で保有している資産を、ほかの証券口座に移管（その逆も）することもできません。

### 損失が発生すれば非課税のメリットは当然なくなる

NISAは元本保証のない金融商品への投資です。NISAで投資できる金融商品は、株式投資信託、株式、ETF（上場投資信託）、REITなど、すべて元本が保証されていない金融商品です。また、利益を得なければ非課税のメリットを享受することができません。

加えて、NISAだけで資産運用を行おうとした場合、投資対象が投資信託や上場株式に偏ってしまい、保有する金融資産が元本保証のない比較的リスクの高いものばかりになる恐れがあります。金融商品を選ぶ際にはNISAだけではなく、預貯金や債券、MMFなどのローリスクの金融商品なども自身のポートフォリオに組み入れるなどして、バランスのよい資産配分を心がけましょう。

---

**確定申告** NISAの場合、運用益が非課税となるため確定申告は必要ない。特定口座の場合も不要だが、損益通算や繰越控除を行ったほうが有利な場合は確定申告を行う。

KEYWORD

## NISAは損益通算ができない

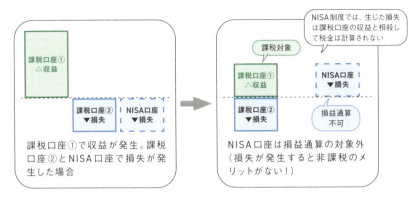

上記の例のように、課税口座①で利益が40万円、課税口座②で損失が20万円、NISA口座で損失が20万円出た場合でも、NISA口座は損益通算ができないため、①と②を損益通算して、利益20万円に課税(40,630円)が発生する。NISA制度では損失が発生すると非課税の意味がなくなってしまう点に注意が必要。

## NISAは繰越控除もできない

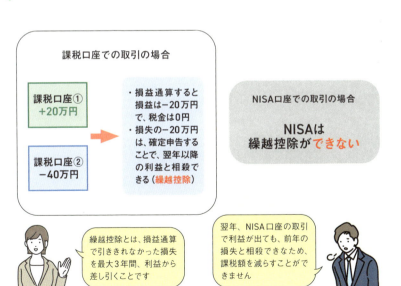

**ローリスクの金融商品** 預貯金や債券(国債や地方債)、保険、MMFなどが挙げられる。MMFは株式を投資対象に含まないため、通常の投資信託よりも安全性が高いが、元本保証の金融商品ではない。

CHAP 8

## 09 iDeCoのデメリット

所得控除の効果

> Point
> - 加入者全員が節税効果を得られるわけではない
> - 加入期間が10年以上ないと60歳から受け取れない

### 収入が少ないと所得控除のメリットが薄れることも

　iDeCoもメリットだけではなく、デメリットがあります。iDeCoは節税効果を期待して加入する人が多くいますが、加入者全員が節税効果を享受できるわけではありません。例えば、収入がないケースや専業主婦（夫）の場合です。収入がない場合はそもそも所得税がかからないため、iDeCoの所得控除が適用できません。専業主婦（夫）でも収入が多いケースはあまりないため、所得控除という点では節税効果は期待できません。もちろん、運用時の非課税といったメリットはあるので、その点を重視すればiDeCoに加入する意味はあります。

　また、iDeCoの受け取りは60歳からですが、加入期間が10年以上ないと60歳から受け取ることができません。60歳から年金を受け取りたい場合には、10年以上の加入期間が必要であることを忘れないでください。

### iDeCoの移換手続きは忘れずに行う

　企業型確定拠出年金（P.173参照）を導入している企業から企業型確定拠出年金がない企業へ転職した場合、iDeCoへの移換手続きを行う必要があります。移換手続き期限は6カ月以内です。6カ月以内に移換手続きを行わない場合、自動的に現金化されて運用が行えず、かつ引き出しもできず、管理手数料が毎月差し引かれていくことになります（月額52円。年624円）。放置すると手数料がただ引かれる状況になるため、忘れずに対応しましょう。

　なお、自動移換になった場合でも、新規でiDeCoを申し込む場合と同様の手続きを行うことで運用再開は可能です。ただ、これらのデメリットについては加入前に知り、あわてず対応できるようにしておきましょう。

---

**移換手続き**　企業型確定拠出年金導入企業を60歳未満で退職した場合、確定拠出年金の資産を移す手続きが必要となる。

KEYWORD

## iDeCo のデメリット

こうしたデメリットをあらかじめ知っていれば、対策を立てることができる。また、60歳になるまで引き出せないといったデメリットも、老後資金を確実に構築できるというメリットにとらえることもできる。

## 加入期間と受け取り開始年齢

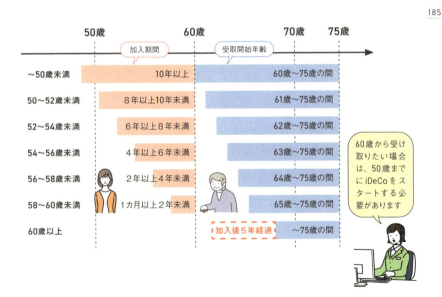

**自動移換** 企業型確定拠出年金加入者が離職または転職などで加入資格を喪失した場合、資産の移換手続きを6カ月以内に行わないと、自動的に現金化され国民年金基金連合会に移される。

COLUMN 8

# さぁ、口座を開設して資産運用を実践してみよう

## 口座開設はインターネットから簡単に

　資産運用を始めるときには口座を開設する必要があります。その仕方について本稿で説明していきます。

　まず、インターネット証券で口座開設する場合には、パソコンやスマホから口座開設の申し込みを行います。その際に、マイナンバーカードや運転免許証といった本人確認書類が必要となります。スマホ等で画像保存、アップロードして提出します。その後、提出書類に基づき審査が行われます。審査が無事完了すると、完了通知（ログインIDなど取引に必要な情報含む）がメールまたは郵送で送られてきます。そして暗証番号などの登録を行い、取引がスタートできるようになります。

　窓口や担当営業対応の対面証券会社の場合、このやり取りを店舗で行うか郵送で行うことになります。口座開設の流れ自体は銀行や郵便局などでも同様です。

　なお、この口座開設を行うときに、一般口座か特定口座か、またNISA口座を開設するかも求められます。売買損益の計算や税金のやり取りなど、手間をかけたくないのであれば特定口座を開設します。NISA口座は1人1口座（年によって変更可能）のため、どの金融機関で開設するか、投資信託の種類や株式売買手数料などをもとに選定する必要があります。

## 信用取引などは別途開設が必要

　証券会社の口座開設の場合、信用取引やFX取引などは別途取引の申し込みを行う必要があります。ただ、投資初心者はリスクの高い取引には手を出さずに、現物株式や投資信託での投資を検討するほうが無難です。

　銀行や信用金庫、郵便局などで投資用の口座開設を行う場合には、基本的に投資信託や外貨預金などの口座を開設することになります。株式は投資しない、投資信託で充分と考える人は証券会社以外の選択肢でもよいでしょう。

　口座開設はスムーズにいけば数日間から1週間程度で開設できます。投資タイミングを見失わないためにも、口座開設だけでも先にしておきましょう。インターネット証券などではネットですぐに入金でき、売買できます。ぜひ1万円からでも始めてみてください。

CHAP

# 9

## 資産配分の
## 考え方、
## 見直しの仕方

投資を始めるときはポートフォリオを組み、どういった商品にどれくらいの割合で投資するのかを決める必要があります。本章ではポートフォリオの考え方や参考にしたいプロのポートフォリオについて紹介します。

# CHAP 9

## 01 日米欧の家計資産配分の実際

投資への移行

> **Point**
> - 日本は保守的、欧米は積極的な資産運用を行っている
> - 今後、日本でも株式や投資信託への配分が高まる可能性が高い

### 日本は現金・預金の比率がまだまだ高い

世界は年2～3％程度、経済成長をしています。その成長の果実を受け取るには株式や投資信託にいかに投資していくかがポイントです。

しかし、2023年8月に日本銀行が公表した「資金循環の日米欧比較」を見ると、日本と欧米の家計の金融資産構成は大きく違っています。

日本は現金・預金の割合が高く、投資の割合が低い。

一方、欧米は積極的な資産運用を行っており、米国においては現金・預金の割合は12.6％程度で、投資信託や株式への投資が5割程度となっています。

欧米に比べると日本はどうしても保守的。今まではそれでもよかったのかもしれませんが、今やインフレが進み、給料が上がっていく時代へと変化してきています。脱デフレを真剣に考えていく必要があり、そのためにも資産運用は待ったなしの状況となっているのです。

### 資産を減らさず、増やす発想を持つ

ただし、新NISAが始まったこともあり、日本でも今後、中長期的にユーロエリア程度の金融資産構成へと近づいていく可能性はありそうです。

イギリスではかつて公的年金制度が充実していました。しかし、高齢化などによって年金額が減り、投資人口が増えていった経緯があります。日本でも、年金受給額の減少や支給年齢の引き上げに対する不安が若年層の中で広がっています。そのため金融資産構成もユーロエリアと同じ道を進むのではないかと考えられます。

結局のところ、資産配分が後々のリターンの違いにも反映されます。

日本でも、物価高騰を機に、実質的な資産を目減りさせない、資産を増やすという発想が根付いてほしいものです。

---

**脱デフレ** 物価が持続的に下がっていく状況を脱して、再びデフレになるような状況ではなくなること。アベノミクス以降使われるようになった言葉。

KEYWORD

## 家計の金融資産構成

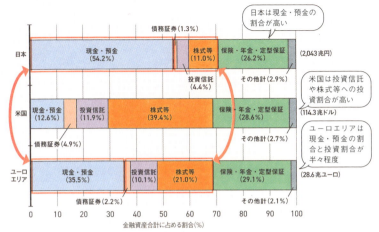

※「その他計」は金融資産合計から、現金・預金、債務証券、投資信託、株式等、保険・年金・定型保証を控除した残差
出典：日本銀行調査統計局「資金循環の日米欧比較（2023年3月末現在）」［図表 家計の金融資産構成］

日本でもいずれユーロエリア程度の金融資産構成へと変化していく可能性はあると考えられます。その結果、資産を守る・増やすという発想は根付いていくことになるかもしれません

## 物価が安いことの何がいけないの？

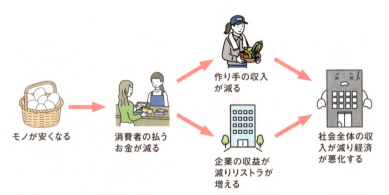

物価が下がるとモノが安く買えるため一見いいことのように思える。しかし、消費者が支払うお金は誰かの給与になる。給与が下がれば使えるお金は減る。この循環が続くと社会全体の経済が悪化する。

---

**公的年金制度** 日本では現役世代が支払う保険料を高齢者などの年金給付にあてる「賦課方式」で財政を運営している。公的年金の支給額は物価と賃金の変動に応じて毎年改訂される。

KEYWORD

# CHAP 9 02 ポートフォリオを組む① 安定型

資産を見える化

> **Point**
> - 現預金を主体とし、安定的な運用を心がける
> - 現状の日本の家計の金融資産構成と同等でも可

## 資産はポートフォリオをもとに運用する

ポートフォリオとは、資産の組み合せのことを意味します。株式や投資信託、不動産などを資産全体の何％保有するか、その構成割合を示すものです。どのような運用を行いたいか、そしてリスク許容度によって組み合わせは異なります。ポートフォリオはリスクとリターンのバランスを見るために必要です。資産を増やしたいからとハイリスクの資産ばかり持っていると、最終的にリスクを負い過ぎて目標を達成できず損をする可能性もあります。

本章では、ポートフォリオを「安定型ポートフォリオ」「安定・成長型ポートフォリオ（基本パターン）」「積極型ポートフォリオ」の3つに分けて説明します。

## 「安定型ポートフォリオ」はリスクを抑えた運用を好む人向けのもの

安定型ポートフォリオとは、株式や不動産よりもリスクは低めとなる債券または現預金の比率を高め、安定的に運用を行うポートフォリオのこと。ある程度、老後資金を確保しているものの多少リターンを得たい50代以降の人や、リスクを抑えてリターンもほどよくあればよいと考える人に向いています。

仮に、現預金（国内債券含む）・国内株式・外国株式・外国債券に投資するとした場合には、右ページのようになります。現預金は半分～60％程度、残り40％程度を株式や外国債券への投資とします。

長期での運用が可能な場合は、194ページで紹介する積極型ポートフォリオを軸に検討し、年を重ねるにつれて徐々に安定・成長型ポートフォリオ、安定型ポートフォリオへと移行していくことが望ましいです。

それが面倒な人はターゲットイヤー型（P.110参照）のファンドを活用し、自動的に資産配分を変化させていきましょう。

---

**リスク許容度** 投資家が受け入れられるリスク（損失）の度合い。投資経験が少ない人はリスク許容度を過大評価せず、リスクを抑えるまたは投資金額を低めに設定したところからのスタートが堅実。

**KEYWORD**

## ポートフォリオの考え方

### STEP1　リスク許容度をもとに投資方針を決める

【例】
- リスクを抑え、少ない利益で安全性を重視
- リスクとリターンをバランスよく
- 高めのリスクで大きなリターンを狙う

→【方針が決まったら内容を検討】
- 投資目的
- 目標金額
- 投資期間
- 初期投資額
- 毎月の積立額
- 予想利回り

### STEP2　資産割合を決める

【例】
- 安定型：現預金50～60%、投資40～50%
- 安定・成長型：現預金25%、投資75%　⇒P.192参照
- 積極型：現預金10%、投資90%　⇒P.194参照

### STEP3　投資先を決める

【例】
- 安定型：国内株式、外国株式、外国債券
- 安定・成長型：国内株式、外国株式、外国債券、不動産　⇒P.192参照
- 積極型：株式一択（全世界株式）または国内外株式、不動産、国内外債券、貴金属
　⇒P.194参照

## 安定型ポートフォリオの一例

こういった例以外にも、投資信託での運用や、REIT、貴金属、保険商品などさまざまな金融商品での運用を心がけてもかまいません

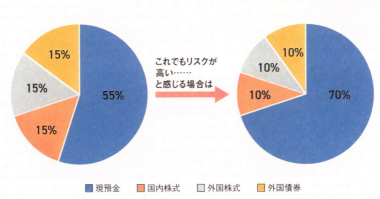

これでもリスクが高い……と感じる場合は

■現預金　■国内株式　■外国株式　■外国債券

---

**自動的な資産配分**　ポートフォリオを組めないという人は、証券会社等の資産運用アプリを使うのもおすすめ。投資方針に合わせてポートフォリオをシミュレーションしてくれる。

KEYWORD

# CHAP.9 03 ポートフォリオを組む②
## 安定・成長型

バランスをとる

> **Point**
> - 財産三分法を参考にポートフォリオを作成する
> - 分散しすぎると高いリターンが得られにくくなる可能性あり

### 安全性だけではなく収益性も追求したい人向け

安定・成長型ポートフォリオ（基本パターン）は、安定性も得つつ収益性も追及するポートフォリオです。例えば、株式や債券などを同じ割合ずつ保有し、リスクを分散させながらリターンをとりにいくケースが該当します。これから老後資金を備える40〜50代や、ミドルリスク・ミドルリターンを狙っていくなどリスクとリターンのバランスを考えた資産運用を行いたい人に向いています。ひと言で均等に保有するといっても、そのパターンは無数にあります。昔からいわれているのは財産三分法です。これは、株式、債券、不動産（REITや投資信託でも可）をそれぞれ3分の1保有するといった方法です。

### 利益を上げるなら株式投資の割合を増やす

安定を目指しつつも増やしたい場合には、株式の比率を高めにすることを検討しましょう。例えば、現預金、国内株式、外国株式、外国債券をそれぞれ25％ずつ配分します。実際には株式に50％投資するため、リスクとリターンはやや高めの配分になります。

さらに分散させて、不動産も組み合わせた場合、例えば、現預金、国内株式、外国株式、外国債券、REITにそれぞれ20％ずつ配分することも検討できます。海外REITと国内REITに分散させる場合は、それぞれ6分の1の配分となります。

現預金を含まずに考えることも検討できます。資産運用を行うポートフォリオと、それ以外の資産といった区分に分けるのです。この場合は、財産三分法などを活用し、組み合わせを検討してみましょう。分散すればするほどリスク低減効果が得られますが、あまりに分散すると高いリターンが得られにくくなる可能性や管理が面倒といったことが生じます。自身のリスク許容度に応じて決定しましょう。

---

**ミドルリスク・ミドルリターン** 損失の可能性も収益も、どちらも中程度期待できるという投資の一般原則のこと。ローリスク・ローリターン、ハイリスク・ハイリターンの中間を指す。

KEYWORD

## 財産三分法とは

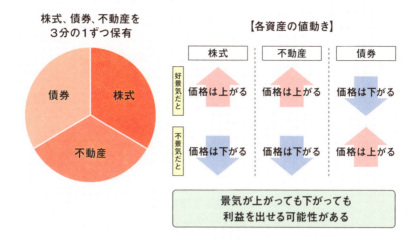

## 安定・成長型ポートフォリオの一例

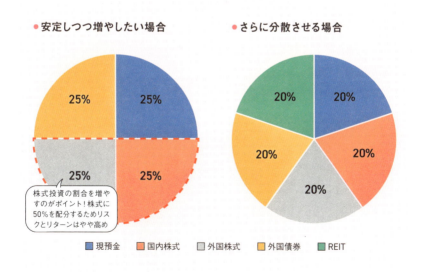

**リスク低減効果** 資産分散を図ることで、ポートフォリオ全体で見たリスクが各資産のリスクの平均値以下にできること。

## CHAP 9 04 ポートフォリオを組む③ 積極型

リスクを覚悟

> **Point**
> - 株式の比率を高めるなど積極的な運用を行う場合に活用する
> - 果敢に攻めたい場合は、株式一択という選択肢も

### 若年世代や資金に余裕のある人に向く

積極型ポートフォリオとは、株式の比率を高めにするなど<u>リスクも大きいがリターンも大きくなる資産構成</u>とするものです。値動きの幅が大きくなるため、安定度合いは低下します。

<u>若年世代など時間に余裕があり長期投資を行いたい世代や、余裕資金で運用するケースに向いている</u>といえます。

例えば、<u>株式の比率を70％、債券や現預金を30％</u>といったケース。株式は、全世界株式ファンドなど世界丸ごと投資で保有するか、米国や日本株中心の投資でもよいでしょう。

さらに積極的に運用したい場合には、株式一択という方法も検討できます。この場合、積立投資などによる時間分散や地域分散と、中長期投資が前提となります。最終的に資産が増えたところで🔖<u>出口戦略</u>をとることも忘れずに。

積極運用はしたいものの、分散もしっかり行いたい。リスク低減効果を活かしながらリターンを高めたい。そういった希望がある人は、株式だけではなく、不動産（REITなど）、債券、貴金属などにも分散させましょう。例えば、🔖<u>株式40％、不動産30％、債券20％、貴金属10％</u>といった組み合わせが検討できます。

### 投資は自己責任。ルールを作って行うべし

積極型ポートフォリオは、金融危機など不測の事態には大きく値下がりする可能性があります。場合によっては損切り、<u>塩漬け</u>、資産配分の見直しなどを余儀なくされることも。そのため、投資は自己責任であること、普段必要な生活費には手を付けないこと、といったルール決めが大切です。若年世代など、まとまった資金での運用が難しい場合には、決めた資産配分通りに積立投資（例：月3万円など）を行っていくといった方法がよいでしょう。

---

**出口戦略** いつまで資産運用を続けるか、いつ現金化するかを考えること。目標金額に到達したら売却も視野に入れること。

KEYWORD

## 積極型ポートフォリオの一例

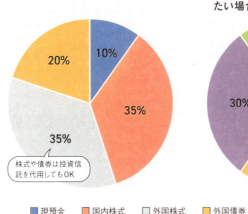

- 積極的に増やしたい場合
  - 現預金 10%
  - 国内株式 35%
  - 外国株式 35%
  - 外国債券 20%

株式や債券は投資信託を代用してもOK

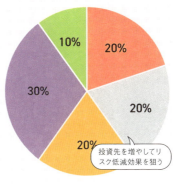

- リスク低減効果を狙いつつ増やしたい場合
  - 国内株式 20%
  - 外国株式 20%
  - 外国債券 20%
  - 不動産 30%
  - 貴金属 10%

投資先を増やしてリスク低減効果を狙う

■現預金　■国内株式　■外国株式　■外国債券　■不動産　■貴金属

## 出口戦略の検討

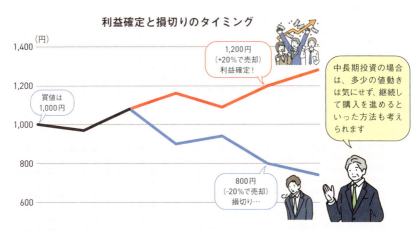

利益確定と損切りのタイミング

買値は1,000円

1,200円（+20%で売却）利益確定！

800円（-20%で売却）損切り…

中長期投資の場合は、多少の値動きは気にせず、継続して購入を進めるといった方法も考えられます

積極的な運用を行う場合には、年間で-20%になったら損切りする、年間で+20%になったら売却（利益確定）するなど、一定のルールを決め、その方針に沿って売買することを検討してもよい。

**塩漬け**　株価が下落してもそのままにしておくこと。カブ（蕪）を塩に漬けておく状況に見立てて使われる表現。「持ち続ければいつか値上がりする」という気持ちがあると塩漬けになりやすい。

# CHAP 9
## 05 年齢や資産状況により配分を変更していく

放置は禁止

> **Point**
> - まずは運用パターンを決める
> - 徐々にリスクを抑えた資産配分へと切り替えていく

### リスクは歳を重ねるにつれて減らしていくほうがよい

ポートフォリオは一度決めたらそれで終わりではありません。

その後のライフスタイルの変化や資産運用状況などに応じて見直しをする必要があります。また、ライフサイクルやライフプランに合わせた見直しも検討すべきでしょう。

望ましいのは、目標に向けて当初決めた配分を実行しつつ、年齢に応じてリスクの高い投資からリスクを軽減した投資へと変更していくことです。

20～30代であれば、ここから先30年程度の運用が可能になります。運用期間が長いほど複利効果も狙えるので、若年世代は積極的なポートフォリオを組みましょう。

40～50代になると住宅ローンや子どもの学費などで生活費の負担が増えます。そのため安定・成長型のポートフォリオを組み、リスクの高い商品はあまり組み入れないようにしましょう。

60代は資産を減らさないことを考えなければなりません。そのため安定型ポートフォリオを組むことをおすすめします。

### 最終的には年平均3～4％の運用利回りを目指す

仮に資産運用で老後資金を作るのであれば、60代になったときに目標金額を構築できている必要があります。その際に考えたいのが運用利回りです。

1つの目安として、若年世代なら積極運用時には利回り年平均5～6％、その後、安定・成長型へ切り替えたときは4～5％、最終的には3～4％の利回りが達成できるような運用を目指すようにします。

そうして徐々にリスクを減らした運用へと展開することで、老後資金などの必要な資金を着実に貯めることができるでしょう。

---

**ライフサイクル**と**ライフプラン** ライフサイクルとは生活における周期的変化のこと。そのサイクルに応じて、さまざまな資金計画を立てていくことをライフプランという。

KEYWORD

## 運用利回りをシミュレーション

72の法則(P.34参照)を利用して、資産が何年で倍になるか試算してみましょう

 ÷ 年利回り = 投資した資金が倍になるまでの期間

年3%で運用できれば**24年間**
年4%で運用できれば**18年間**

積立の場合には、年金終価係数を利用すると、どのぐらいの資産が構築できるか試算可能です

【例1】年240万円を株式または株式投資信託で、年3%の運用利回りで20年間運用

元手は4,800万円

240万円 × 26.870(年金終価係数) = **64,488,000円**

【例2】年120万円を株式または株式投資信託で、年4%の運用利回りで20年間運用

元手は2,400万円

120万円 × 29.778(年金終価係数) = **35,733,600円**

## 年金終価係数の計算法

ココからアクセス

出典:keisan 生活や実務に役立つ計算サイト
https://keisan.casio.jp/exec/system/1428890934

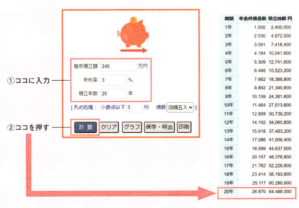

①ココに入力
②ココを押す

| 期間 | 年金終価係数 | 積立総額 円 |
|---|---|---|
| 1年 | 1.000 | 2,400,000 |
| 2年 | 2.030 | 4,872,000 |
| 3年 | 3.091 | 7,418,400 |
| 4年 | 4.184 | 10,041,600 |
| 5年 | 5.309 | 12,741,600 |
| 6年 | 6.468 | 15,523,200 |
| 7年 | 7.662 | 18,388,800 |
| 8年 | 8.892 | 21,340,800 |
| 9年 | 10.159 | 24,381,600 |
| 10年 | 11.464 | 27,513,600 |
| 11年 | 12.808 | 30,739,200 |
| 12年 | 14.192 | 34,060,800 |
| 13年 | 15.618 | 37,483,200 |
| 14年 | 17.086 | 41,006,400 |
| 15年 | 18.599 | 44,637,600 |
| 16年 | 20.157 | 48,376,800 |
| 17年 | 21.762 | 52,228,800 |
| 18年 | 23.414 | 56,193,600 |
| 19年 | 25.117 | 60,280,800 |
| 20年 | 26.870 | 64,488,000 |

**年金終価係数** 保有資金を一定期間、一定の利率で複利運用した場合の将来の積立合計額を求める場合に必要な係数。

KEYWORD

# 参考にしたいポートフォリオ① GPIF

CHAP 9 / 06 プロに学ぶ

**Point**
- GPIFでは、日本の公的年金制度における積立金を運用している
- 国内外の債券、国内外の株式を均等に投資することを基本としている

## 迷ったらプロのポートフォリオを参考にしてみる

参考にしたいのは、GPIFなどのプロの配分です。

GPIFとは、年金積立金管理運用独立行政法人を指し、日本の公的年金制度における積立金を運用しています。2001年度以降2023年度（2024年3月末）までにおける収益率の平均は年4.36％、収益額は+153.7兆円（累積）にも及びます。2020年4月1日からの5か年を第4期中期目標期間と位置づけ、それ以前の基本ポートフォリオから資産配分を変更しています。以前は国内債券35％、外国債券15％、国内株式25％、外国株式25％を基本的な資産構成割合としていましたが、現状はいずれの資産も25％を基本としています。ただし、価格変動を踏まえて、国内債券は±7％、外国債券は±6％、国内株式は±8％、外国株式は±7％と乖離許容幅を設けています。

## GPIFは各資産をほぼ均等に保有、運用を行っている

実際の運用状況を確認していきましょう。2024年3月末におけるGPIFの運用資産額は245兆9,815億円。資産構成割合は、国内債券26.95％、外国債券23.86％、国内株式24.33％、外国株式24.86％と、ほぼ均等に保有していることがわかります。2023年は債券、特に国内債券の収益率がかんばしくなかったものの、国内外の株式の収益率が高くなっており、運用資産額を大きく増やした年になりました。国内債券と外国債券に関してはベンチマークを超えた収益率に、国内株式と外国株式に関してはベンチマークを下回る収益率となっています。

以前に比べるとGPIFもリスクをとった運用を行っています。とはいえ、各資産をほぼ均等に持つ安定・成長型のポートフォリオです。手堅く運用したい人の参考となるでしょう。

---

**GPIF（年金積立金管理運用独立行政法人）** 世界最大級の機関投資家。日本の公的年金制度における積立金の運用を担っており、年金財政の安定に貢献する。四半期ごとに運用状況を公開している。

KEYWORD

# GPIFのポートフォリオ

## ●運用実績

| | 2023年度 | 市場運用開始以降<br>(2001年度〜2023年度) |
|---|---|---|
| 収益率 | +22.67%（年率） | +4.36%（年率） |
| 収益額 | +45兆4,153億円（年間）<br>うち、利子・配当収入は4兆1,374億円（年間） | +153兆7,976億円（累積収益額）<br>うち、利子・配当収入は51兆1,901億円 |
| 運用資産額 | 245兆9,815億円（2023年度末時点） | |

## ●運用資産額・構成割合

| | 2023年度 | |
|---|---|---|
| | 資産額（億円） | 構成割合 |
| 国内債券 | 611,573 | 24.86% |
| 外国債券 | 603,721 | 24.54% |
| 国内株式 | 615,532 | 25.02% |
| 外国株式 | 628,989 | 25.57% |
| 合計 | 2,459,815 | 100.00% |

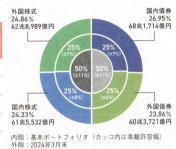

内側：基本ポートフォリオ（カッコ内は乖離許容幅）
外側：2024年3月末

## ●ベンチマーク収益率

| | 2023年4月〜2024年3月 |
|---|---|
| 国内債券　NOMURA-BP1「除くABS」 | -2.20% |
| 外国債券　FTSE世界国債インデックス（除く日本、中国、円ベース） | 15.32% |
| 国内株式　TOPIX（配当込み） | 41.34% |
| 外国株式　MSCI　ACEI（除く日本、円ベース） | 40.63% |

## ●収益額・収益率

| | | 2023年度 | | | | |
|---|---|---|---|---|---|---|
| | | 第1四半期 | 第2四半期 | 第3四半期 | 第4四半期 | 年度 |
| 資産全体 | 収益率（%） | 9.49 | -0.31 | 2.62 | 9.52 | 22.67 |
| | 収益額（億円） | 189,834<br>(180,283) | -6,832<br>(-6,488) | 57,287<br>(54,418) | 213,863<br>(203,223) | 454,153<br>(431,558) |
| 国内債券 | 収益率（%） | 0.36 | -2.71 | 0.95 | -0.57 | -2.00 |
| | 収益額（億円） | 1,780<br>(1,691) | -15,227<br>(-14,460) | 5,313<br>(5,047) | -3,287<br>(-3,123) | -11,421<br>(-10,853) |
| 外国債券 | 収益率（%） | 8.07 | -0.80 | 2.55 | 5.36 | 15.83 |
| | 収益額（億円） | 38,991<br>(37,029) | -4,037<br>(-3,833) | 13,632<br>(12,949) | 30,108<br>(28,610) | 78,694<br>(74,779) |
| 国内株式 | 収益率（%） | 14.46 | 2.46 | 1.99 | 18.24 | 41.41 |
| | 収益額（億円） | 70,867<br>(67,301) | 13,343<br>(12,670) | 11,120<br>(10,563) | 98,598<br>(93,692) | 193,928<br>(184,280) |
| 外国株式 | 収益率（%） | 15.46 | -0.15 | 4.91 | 15.80 | 40.06 |
| | 収益額（億円） | 78,196<br>(74,262) | -911<br>(-865) | 27,223<br>(25,859) | 88,445<br>(84,045) | 192,952<br>(183,353) |

出典：GPIF「2023年度 業務概況書」

GPIFでは、各資産をほぼ均等に保有しています。昨今の日本株高、円安の恩恵を受けており、運用も順調といえます。

**乖離許容幅**　基本ポートフォリオから乖離しても許容できる範囲のこと。市場は変動し続けるため、許容できる一定の乖離幅を設けて機動的に運用できるようにするしくみ、考え。

CHAP 9　資産配分の考え方、見直しの仕方

# 参考にしたいポートフォリオ② ICU（国際基督教大学）

CHAP 9
07
積極運用の実際

**Point**
- ICUは日本の大学ではめずらしく積極運用をしている
- ICUの目標収益率はインフレ＋4％

## 過去10年の平均リターンは実質年4.8％

日本でも資産運用を積極的に行う大学があります。その筆頭がICU（国際基督教大学）です。ICUでは、寄付金を原資として株式をはじめとする有価証券投資を行っています。この基金における運用益を教育研究経費にあてることで、少人数教育を一貫して保つことができています。基金の残高をおおむね横ばいで維持しており、個人でいえば投資元本を取り崩さず、運用益を生活費などにあてることができている状況です。

まず、ICUの目標収益率はインフレ＋4％となっています（国際基督教大学「2022年度の引当資産の運用実績と今後の方針」より）。そのために、個別商品については可能な限り小口投資を行い、極力分散投資を心がけていること、可能な限り相関性の低い多様な商品に投資し、収益の源泉とリスクの分散を図ることを基本方針としています。結果、2022年度末までの累積収益率は、過去10年、実質年4.8％と目標をクリアしています。

ICUの運用は積極型です。資産配分は3割弱を日本株、3割弱をPE、残りをヘッジファンド等のオルタナティブ資産（P.202参照）としています（2023年6月時点）。ICUの外貨建て資産は、2022年度末で40％を超えています。ただし、為替ヘッジを行い、実質外貨比率を30％まで落としているようです。ヘッジファンドは、マーケット・ニュートラル運用（割安な銘柄を買い、割高な銘柄を売る手法）を行うものや、マクロヘッジファンド（経済指標などのファンダメンタルズ分析に基づき株式や債券などに投資する手法）などに投資している模様です。

なかなか個人投資家ではハードルの高い資産配分だとは思います。とはいえ、株式型クラウドファンディングや、ヘッジファンド同様のスキームで投資する投資信託などを活用すれば、個人投資家でもマネをできないわけではないため、参考にしてみてください。

---

**PE** プライベートエクイティ。未上場企業の株式のこと。将来性のある企業に投資し、上場等により大きなリターンを得る投資手法をPE投資と呼ぶ。

KEYWORD

## ICU（国際基督教大学）のポートフォリオ

### ●基本収益率

名目収益率とは、投資で得られた収益の総額を投資総額で割った投資収益率のこと。実質収益率とは、投資収益から税金と手数料を引いたあとの投資収益率のこと。

### ●2022年度末までの累積収益率（年率）

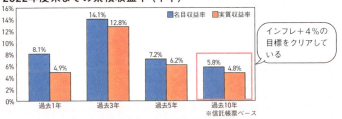

インフレ＋4％の目標をクリアしている

### ●資産別構成比の推移

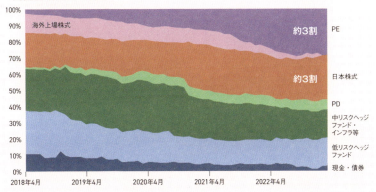

PDはプライベートデッドのこと。信用力の低い企業などにローンの形で資金を貸し出す貸付債券を指す。グラフのように海外のすぐれた大学では資産運用収入を研究等に利用するのは当たり前となっていて、日本でもこうした動きが徐々に出てくることが予想される。

出典：国際基督教大学「2022年度の引当資産の運用実績と今後の方針」

**CHAP 9　資産配分の考え方、見直しの仕方**

**マーケット・ニュートラル運用**　買い建てと売り建てを組み合わせることで相場の変動に左右されず、安定した収益を狙うことができる。買い建てと売り建ての金額が異なる手法は「ロング・ショート運用」という。

KEYWORD

# CHAP 9

## 08 参考にしたいポートフォリオ③ 東京大学基金

配分変更の実際

> Point
> - 東大基金の基本ポートフォリオでは、オルタナティブが60%
> - オルタナティブは代替投資。伝統的資産とは異なる資産への投資

### 大学の寄附金運用も積極的な運用へシフトしつつある

日本の最高学府、東京大学でも寄附金をもとに東大基金(東京大学基金)の資産運用が行われています。

もともと東大基金の基本ポートフォリオは円ベースの債券60%、グローバル株式20%、オルタナティブ20%をベースとしていました。しかし、2023年以降、ポートフォリオが変わっています。構成はオルタナティブ60%、グローバル株式20%、円ベース債券20%です。債券市況の悪化に伴い、評価損が膨らんでいたこと、また、令和3年度から、国立研究開発法人科学技術振興機構による大学ファンドの運用開始(基本ポートフォリオ:グローバル株式65%、グローバル債券35%)といった状況も後押しして、思い切った運用にシフトしたのでしょう。

### ときには思い切りが功を奏すことも

オルタナティブとは代替投資を指し、既存の株式や債券などの伝統的資産とは異なる資産への投資を行うものです。令和5年度上半期[4月-9月]における東大基金の「寄附金資金運用報告書」を確認すると、オルタナティブ投資として、PE(P.200参照)、不動産、ヘッジファンドを合計して60%の比率で運用されています。米国の利上げ、日本の金融政策転換にともなう債券価格下落などを考慮すれば、こうした配分変更は適切であったといえるのではないでしょうか。

こうした東大基金も改革を行っていますが、実は日本のほとんどの大学では現預金か債券での運用となっています。東大基金のように積極型の運用へと舵を切れるかどうかが今後の研究費に影響してくるかもしれません。個人としては、こうした大学の改革も参考にしつつ、ポートフォリオを決めていきましょう。

---

**グローバル株式** 世界のさまざまな地域の株式のこと。一般的に先進国や新興国に上場する大型株式などが該当する。

KEYWORD

## 東大基金のポートフォリオ

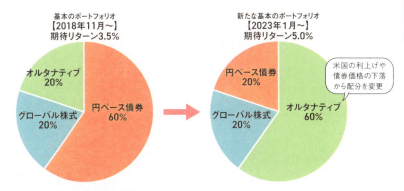

基本のポートフォリオ
【2018年11月～】
期待リターン3.5%

- オルタナティブ 20%
- グローバル株式 20%
- 円ベース債券 60%

新たな基本のポートフォリオ
【2023年1月～】
期待リターン5.0%

- 円ベース債券 20%
- グローバル株式 20%
- オルタナティブ 60%

（米国の利上げや債券価格の下落から配分を変更）

日本の大学基金も、今後積極運用へとシフトしていく時代になるのかもしれない。大学基金とは異なり、個人は永続的な運用は難しいため、あくまで1つの参考として確認を。

出典：東京大学基金「運用ポートフォリオ（基本ポートフォリオ）」

（単位：千円）

| 寄付金種類 | 基本ポートフォリオ区分 | 実践ポートフォリオ投資対象資産（戦略） | 旧基本ポートフォリオ（2018.9決定） | 現基本ポートフォリオ（2023.1決定） | A元本投資額 |
|---|---|---|---|---|---|
| 東大基金 | 円ベース債券 | 先進国債券 | 60% | 20% | 1,100,000 |
| | | クレジット（債券マルチ） | | | 3,300,000 |
| | グローバル株式 | グローバル株式（内外上場株式） | 20% | 20% | 2,200,000 |
| | オルタナティブ | PE | 20% | 60% | 1,100,640 |
| | | 不動産 | | | 1,834,411 |
| | | ヘッジファンド | | | 1,300,000 |
| | その他（現金） | | ― | ― | 424,131 |
| | 合計 | | 100% | 100% | 11,259,181 |

出典：東大基金「寄附金資金運用報告書（令和5年度上半期[4月～9月]）」から抜粋

東大基金は、東京大学初のCIO（執行役：資金運用）である福島毅氏が率いています。福島氏は、元ブラックロック・ジャパン（世界トップクラスの資産運用会社の日本法人）最高投資責任者(CIO)を約7年間務めた人物です

**大学ファンド** 世界と伍する研究大学の実現に向け、必要となる支援を行うための財源を確保することを目的としたファンド。支援対象は早稲田大学や京都大学など、東京大学を含む計10校（2023年9月時点）。

# CHAP 9 — 09 参考にしたいポートフォリオ④ ハーバード大学基金

長期投資は株式

**Point**
- ハーバード大学基金は、未上場株式をメインとして運用を行う
- 株式とヘッジファンドで資産の81%を占めている

## ハーバード大学基金では、株式とヘッジファンドの比重が高い

最後に、世界の大学基金の資産配分を確認してみましょう。代表例として、ハーバード大学基金を取り上げます。運用資産が507億ドルと桁違い（東大基金は110億円）であり、その資産配分も日本ではなかなか手が出せないような構成となっています。

2023年におけるハーバード大学基金のアセットアロケーションは、上場株式11%、未上場株式39%と株式で50%を占めています。そして、ヘッジファンドが31%、不動産5%、原油などの資源1%、債券6%、その他現物資産が2%、現金その他が5%となっています。これは、今後も革新的な企業が生まれる、ユニコーン企業に投資できると想定するハーバード大学の自信の表れです。米国の経済成長が続くことも前提としていることでしょう。PEへの投資は、大きなリターンとして返ってくる可能性があります。また、資金を拠出することで、大学としても研究に活用できるといった利点があるのでしょう。

まさに、win-winの関係が成り立つ投資ができているように見受けられます。

株式が50%に対して、ヘッジファンドが31%。これはリスクヘッジと考えます。ヘッジファンドは株式や債券などの伝統的資産と相関性が低いことから、着実な収益を上げる手段として活用しているのではないでしょうか。

驚くべきことは、債券投資が6%しかないこと。日本の大学の資産運用とは大きく異なります。2017年当時においても、ハーバード大学基金では債券は8%しか投資しておらず、以前よりも大きく減らしたというわけでもありません。そもそも債券投資では大きなリターンは得られないと考えているのかもしれません。

個人投資家として参考にしたいのは、長期であれば株式投資がメインとなるということ。世界の経済成長はまだまだ続きます。その果実を受け取るためにも、株式投資の比率を高めることも検討してみてください。

---

**アセットアロケーション** アセット＝資産、アロケーション＝配分。複数の異なった資産に資金配分し、運用すること。リスクを回避しつつ、安定したリターン獲得を目的とする。

KEYWORD

## ハーバード大学基金のポートフォリオ（2023年）

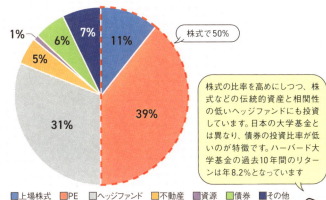

出典：Harvard University Financial Report FY 2023

株式の比率を高めにしつつ、株式などの伝統的資産と相関性の低いヘッジファンドにも投資しています。日本の大学基金とは異なり、債券の投資比率が低いのが特徴です。ハーバード大学基金の過去10年間のリターンは年8.2%となっています

## オルタナティブ投資の分類

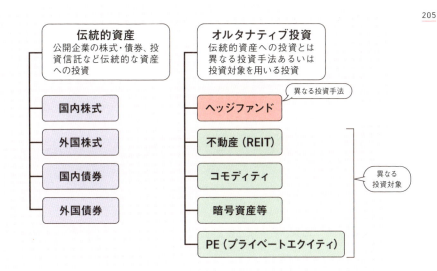

---

**ユニコーン企業** 評価額が10億ドル超、創業10年以内の未上場のベンチャー企業のこと。IT技術の進歩により増加傾向にある。

COLUMN 9
# 分散投資で非システマティックリスクを軽減

## 非システマティックリスク
## ＝分散投資で消えるリスク

　分散投資を行えば、リスクを軽減してリターンを高めることができる。一般的にはこう言われます。しかし、リスクをすべて軽減できるかというとそうではありません。あくまでも分散投資でリスクを軽減できるのは非システマティックリスクのことなのです。

　非システマティックリスクとは、個別銘柄に要因のあるリスクです。分散可能リスクとも呼ばれます。例えば、企業内の不祥事は非システマティックリスクの1つです。企業内の不祥事が明るみに出ると、その企業の株価は下落する可能性が高いです。もしその1社に投資していた場合、不祥事により大損失を被る可能性があります。でも仮に10社、20社投資しているうちの1社で不祥事があった場合には、全体の投資から見れば損失は軽減できます。

　株式投資でいえば、投資銘柄数を増やすといった対応により、不祥事などの非システマティックリスクは軽減できます。企業の不祥事のほか、個別企業の業績悪化、大株主による売却などが該当します。

## システマティックリスクは
## 分散投資でも排除できない

　一方、投資のリスクはもう1つあります。それがシステマティックリスク。分散投資を行っても消去し切れないリスクです。市場関連リスクや分散不能リスクとも呼ばれます。

　例えば、金融危機、戦争、災害などマーケットが想定していないような状況が発生した場合、市場全体が下落し、株式市場だけではなく、債券、不動産などさまざまな市場にも大きな影響を与える可能性があります。実際にコロナショック時には多くの資産が暴落するといった状況になりました。分散投資をしていても避けることができなかったのです。

　とはいえ、そのときに下がったものを買い増しする、安くなったほかの資産を購入するといった方法でその後のリカバリーは対応できています。そのため、非システマティックリスクには普段の分散投資で対応し、システマティックリスクはそのときの状況に応じ追加購入、時間とともに回復するのを待つといった方法をとるとよいのかもしれません。

# 付録

## 資産運用で利用したい管理方法・決済・投資

資産運用で利用したい投資方法や税制優遇制度、投資関連のサービスやアプリについて解説します。日々の生活の中で手軽にチャレンジできるものも多いので、積極的に利用してみましょう。

# 付録 01 アプリで管理

# 家計簿アプリで預貯金から運用管理まで

> **Point**
> - 家計簿アプリで簡単、気軽に家計管理が可能
> - 預貯金や投資などの資産管理もアプリでまとめて行える

## 家計簿アプリで家計と資産管理を一元化

日々の家計の状況を「見える化」したい人におすすめなのが、🔖**家計簿アプリ**です。**スマートフォン（スマホ）やタブレット端末などで収支を入力することで、手軽に家計管理が行えます。**

一般的な機能として、銀行口座や証券口座、クレジットカードや🔖**電子マネー**、ポイントカードなどと連携して収支を管理できるほか、レシートの読み取り、入出金の自動集計、収支の分析などが可能です。なお、アプリによって使える機能や特徴は異なります。また、無料版と有料版によっても使用できる機能に違いがあります。

家計簿アプリを利用するメリットは、**家計簿と資産管理の両方の機能があるため、一元管理に最適である点です。**何にどれくらい使っているのか、預貯金と投資のバランスは適切かなどをひと目で把握できます。そのため、**複数の口座で資産を運用していたり、ポイントカードやクレジットカードを多く使用したりしている人ほど、恩恵を受けられるサービス**といえます。

### 💰 家計管理に便利なアプリ「Moneytree」

**簡単に家計を可視化**
銀行、クレジットカード、電子マネー、ポイントなどの複数の金融サービスをアプリで一元管理できる

**手間なく家計簿が完成**
入力した明細からAIが学習し、自動で支出をカテゴリ別に振り分け。手間なく家計管理ができる

**お金の心配を減らす**
大きな支出や、ポイントの有効期限についても通知が届くので、見落としがちな点をフォローしてくれる

**有料プランもおすすめ**
月額360円の有料プランでは、カテゴリ別の予算設定、収支内容をまとめたレポート作成なども利用できる

出典：マネーツリー株式会社「Moneytree 私らしいお金とのつきあい方。」

---

**KEYWORD**
**電子マネー** 電子データ化されたお金のこと。現金と同じように決済手段で利用可能。事前チャージのプリペイド型、後払いのポストペイ型、口座から即時引き落としのデビット型がある。

付録
## 02 おつり投資

コツコツ投資

> **Point**
> - おつりを貯金箱に入れるのではなく、運用する発想で投資
> - 代表的なおつり投資の運用サービスは「トラノコ」と「マメタス」

### 買い物のおつりを自動的に投資に回す

　自動的に資産運用できるようなしくみで、家計簿アプリと連動できるようにしたい。そんな希望を叶える投資方法の1つに、「おつり投資」があります。

　おつり投資とは、家計簿アプリと連動させることで、自動的に投資できるしくみです。まずは買い物を行う際のおつりを決定します。おつりは100円単位、500円単位、1,000円単位から設定できます。例えば180円の買い物をした場合、100円単位を選択すれば20円が、500円単位を選択すれば320円が、1,000円単位を選択すれば820円がおつり投資の原資となります。

　これを家計簿アプリで買い物ごとに計算していきます。そして、1カ月間のおつり投資の原資を合計します。この合計を投資資金として登録している銀行口座から引き落とします。引き落とされた資金は、ETFで運用されます。

### 「トラノコ」と「マメタス」が代表的なサービス

　代表的なおつり投資のサービス（アプリ）として、「トラノコ」と「マメタス」があります。どちらもスマホのアプリをダウンロードしてアカウントを取得します。トラノコでは、マネーフォワードME、Zaim、Moneytreeなどの家計簿アプリのいずれかを連携させるとアカウントが作成できます。安定重視・バランス重視・リターン重視のどれで運用するか選択すれば、あとは引き落とし銀行口座を設定し、確認書類を提出することでスタートできます。

　マメタスは、Moneytreeの家計簿アプリと連携させます。WealthNavi、WealthNavi for 住信SBIネット銀行、WealthNavi for 横浜銀行、WealthNavi for ソニー銀行のいずれかで口座を開設し、自動積立を申し込みます。マメタスの資産運用は、ロボアドバイザー（P.212参照）の「WealthNavi」が行います。

---

**KEYWORD**

**WealthNavi**　ウェルスナビ株式会社が提供するロボアドバイザーによる個人資産運用サービス。長期・積立・分散の資産運用を、自動で実現するサービスを行う。

付録 03 クレカ積立

# クレジットカード決済で投資信託を購入する

> **Point**
> - 還元率の高いクレジットカードを利用する
> - ポイントはあくまでおまけであると理解する

## クレカ積立はポイント還元も魅力

投資信託の積立購入を行いたい場合、クレジットカードによる積立（以下、クレカ積立）が利用できます。<mark>クレカ積立では、現金による購入の場合に比べてポイントが貯まる</mark>というメリットがあります。しかも、月10万円が限度ですが、NISA口座でも利用できます。仮に還元率が1.0％のクレジットカードを利用して、月3万円のクレカ積立を設定した場合、1年間で36万円の投資信託購入に対して、3,600ポイントが貯まります。10年間継続すれば36,000ポイントです。<mark>証券会社によっては、このポイントを投資に利用することも可能</mark>です。また、ポイントを商品や商品券などと交換するのも可能です。還元率の高いカードを利用するほどポイントを多く受け取れるため、クレジットカード選びも重要です。

クレカ積立は、積立投資の設定時に行います。一度クレジットカード番号などを入力すれば、あとは自動的に毎月購入することになります。なお、投資信託だけではなく、楽天証券のように<mark>純金積立などでもクレカ積立ができる場合があります</mark>。楽天証券の場合、金・プラチナ・銀のそれぞれ毎月10万円が上限（合計30万円）です。

## ポイント付与はあくまで"おまけ"と考えよう

クレカ積立は投資が主で、ポイントはおまけである点を理解しましょう。<mark>投資で損失が発生した場合、ポイントを大きく超えるマイナスを被ることも</mark>あります。また、クレカ積立は後払いとなるため、支払いがしっかりできることが前提です。毎月の継続積立を習慣化し、資産が貯まるしくみを構築する。継続して運用してよいかどうか、定期的に見直しを行う。さらにポイント投資などでポイントをさらに増やす。この一連の流れを基本に考えましょう。

---

**還元率** クレジットカードの利用によって得られるポイントの割合。1％の場合、100円の利用につき1ポイント付与される。

**KEYWORD**

## 付録 04 ポイント投資

投資型と運用型

> **Point**
> - ポイントは「使う」「増やす」の両方の視点で考える
> - ポイント投資にはポイント投資型とポイント運用型がある

### 貯めたポイントを使って気軽に投資できる

クレジットカードなどのポイントの使い道が特にない場合は、「ポイント投資」の活用も検討してみましょう。ポイント投資では、その名のとおり、ポイントを投資に回します。ポイント投資は「ポイント投資型」と「ポイント運用型」に大別されます。ポイント投資型は、手持ちのポイントを現金化して、そのお金をもとに株式や投資信託で運用していきます。売却時は現金として引き出せます。一方、ポイント運用型は、ポイントそのものを運用し、売却時はポイントとして引き出します。

ポイント投資のメリットは、もともとあったポイントをもとに運用ができること。仮に運用がうまくいかなくても自身の現金が目減りするわけではないため、気軽に運用を楽しめます。

### ポイント投資型で得た利益には課税される

ポイント投資も、投資であることには違いないため、運用結果次第ではポイントが減ってしまう恐れがあります。また、ポイント投資型で利益が出た場合には、通常の投資の売買益と同様、20.315%の税金がかかります。一方、ポイント運用型では、一時所得として50万円を超えるポイントとなった場合には課税対象となる可能性があります。

ポイント投資はさまざまな企業が手掛けています。例えば、楽天証券の場合、ポイント投資型として、楽天グループが提供する楽天ポイントを投資信託や株式の購入に利用できます。1ポイント1円から利用可能で(投資信託は100円以上1円単位)、NISA口座でも利用できます。また、ポイント運用型の場合は、保有する楽天ポイントを、アクティブコースとバランスコースのいずれかを選択して運用します。なお、投資型も運用型も期間限定ポイントは利用できません。

---

**一時所得** 営利目的の継続した事業や行為から得られた所得ではなく、一時的に得られた所得のこと。一時所得に該当する年間の利益が50万円を超えなければ税金はかからない。

KEYWORD

付録

# ロボアドバイザーの活用

> **Point**
> - AIを資産運用に活かすならロボアドバイザーがおすすめ
> - ロボアドバイザーには、アドバイス型と投資一任型がある

## AIに資産運用をまるごと任せることも可能

ロボアドバイザーとは、AI（人工知能）を活用した、資産運用のアドバイスや運用の手伝いを行ってくれる資産運用サービスです。ロボアドバイザーは、「アドバイス型」と「投資一任型」に大別されます。

アドバイス型は、投資家のリスク許容度などをもとに、どのような資産配分構成が望ましいかをアドバイスしてくれます。ただし、実際にどう運用を行うかは自身で決める必要があります。一方、投資一任型は、資産配分の提案だけではなく、投資信託などの金融商品の購入や運用、リバランスまで行ってくれます。アドバイス型は基本的に無料ですが、投資一任型は運営会社によって異なるものの、運用資産の1％程度（年率）の手数料がかかります。また、投資信託の運用の場合には、別途、信託報酬がかかります。

ロボアドバイザーでは、最低投資金額が設定されています。こちらも運営会社によって異なるものの、1万円程度から始めることができます。

ロボアドバイザーのメリットは、「このような運用がよいのでは？」とアドバイスしてくれること。金融知識の乏しい人でも資産運用のチャレンジに対して背中を押してもらえる点は心強いことでしょう。

### 主なロボアドバイザー（投資一任型）の手数料一覧

|  | WealthNavi | THEO＋docomo | 楽ラップ | ダイワファンドラップオンライン |
|---|---|---|---|---|
| 利用手数料 | 運用資産が3,000万円以内の場合1.1％、3,000万円超部分は0.55％（ETF保有コスト0.07〜0.13％を別途負担） | 資産運用の時価評価額3,000万円以内0.715〜1.1％、3,000万円超部分は0.55％ | 固定報酬型は0.715％、成功報酬併用型は0.605％＋運用益の5.5％ | 契約資産の1.1％（投資信託の信託報酬等は別途必要） |
| 最低投資金額 | 1万円 | 1万円 | 1万円（ネット完結コースの場合） | 1万円 |

リバランス　当初決めた資産配分の割合が相場変動により大きく変動した場合に、元の資産配分になるよう見直すこと。

## 付録 06 インフレ対策

# 物価連動国債でインフレ対策

> **Point**
> - インフレ対策として物価連動国債による投資が検討可能
> - インフレには強いが、デフレや金利上昇には弱い

### インフレ対策として注目される物価連動国債

日本を除く先進国では2021～2022年にかけてインフレ率が急上昇し、物価高が続いています。日本のインフレ率の上昇は比較的緩やかとはいえ、今後も物価高が続くと予想されます。そのような時代に検討したい金融商品の1つが、物価連動国債です。

インフレ連動国債とも呼ばれる物価連動国債は、額面金額（元本、元金）が物価動向に応じて変動する国債です。つまり、投資した金額が物価動向によって変動する国債です。満期まで利率は変わりませんが、元本が物価の変動に合わせて変動するため、受け取れる利息が増減するしくみです。また、デフレになった場合は償還金額が額面金額を下回らないという「フロア」というしくみが設けられています。将来のインフレリスクを回避して、安定した収益の確保を目指すことが可能です。

### 金利上昇時には価格が下落するリスクもある

債券である物価連動国債は、金利上昇に弱い側面があります。仮に物価が上がらず、金利だけ上昇するケースがあった場合、物価連動国債の価格も下落する可能性があるため注意が必要です。物価連動国債の投資で最も望ましいのは、物価が上昇し、金利が横ばいまたは低下するケースです。日本の金利がさほど上がらないものの、物価は上昇するという状況になるのであれば、物価連動国債は有利な運用先といえます。なお、物価連動国債に投資したい場合は、分散投資がなされている物価連動国債ファンドに投資するのもよいでしょう。

もし、金利の上昇にも備えたい場合は、「個人向け国債（変動10年）」の購入も検討してみましょう。半年ごとに金利が見直されるため、金利上昇時には受け取る利子も増加します。

---

**KEYWORD**

**物価連動国債ファンド** 物価動向により元本が変動する物価連動国債に投資する投資信託。インフレリスクへの対策ファンドとしても活用することができる。

## 付録 07 民間企業が発行する債券の活用
国債以外の債券

**Point**
- リスクはあるが、民間企業の債券の利率は国債に比べて高くなる
- リターンは控えめだが地方自治体の公募公債に投資するのもあり

### 民間企業の債券を活用して利子収入を確保する

「国内債券」と聞くと、個人向け国債などの国債を思い浮かべることが多く、リスクは少ないが利子もあまりつかないと考える人が多いかもしれません。しかし、民間企業の債券では、高い金利が受け取れる場合があります。

例えば、ソフトバンクグループが発行した「第59回無担保普通社債（愛称 福岡ソフトバンクホークスボンド）」2024年3月15日払込）」では、7年間資金を貸すことで、年率3.04%（税引前）の利子を受け取れます。

また、地方自治体に資金を貸す方法もあります。「千葉県令和6年度第2回公募公債（2024年5月24日払込）」では、10年間資金を貸し出すことで、年率0.957%（税引前）の利子を受け取ることができます。地方自治体のほうが低リスクでリターン（利率）も低くなりますが、普通預金や定期預金の利子と比べれば十分に高金利といえます。

リスクを取ってもよいという人は、民間企業の債券に投資して、毎年の利子収入を狙ってもよいでしょう。

### 民間企業債券の事例（ソフトバンクグループ「第59回無担保普通社債」）

| 第59回無担保普通社債 ||
|---|---|
| 1. 発行総額 | 金5,500億円 |
| 2. 各社債の金額 | 金100万円 |
| 3. 利率 | 年3.04% |
| 4. 払込金額 | 各社債の金額100円につき金100円 |
| 5. 償還金額 | 各社債の金額100円につき金100円 |
| 6. 年限 | 7年 |
| 7. 償還期限 | 2031年3月14日 |
| 8. 償還方法 | 満期一括償還。ただし、買入消却は、払込期日の翌日以降、振替機関が別途定める場合を除き、いつでも実施可能 |

出典：ソフトバンクグループ株式会社「第59回無担保普通社債の発行に関するお知らせ」

（3.利率の注釈）償還まで保有した場合の税引前の利回り。税引後は年2.422%

（5.償還金額の注釈）償還前に売却することは可能。ただし時価での売却となり、利回りは保証されない

格付が取得されている場合は、1つの目安として確認する。ソフトバンクグループの第59回無担保普通社債の取得格付はA-であった。なお、取り扱い債券は証券会社によって異なるため、購入したい債券の発売があった場合には、取り扱いのある証券会社で口座を開設する必要がある。

---

**KEYWORD**
**公募公債** 広く一般から募集して、発行される債券のこと。不特定多数の投資家から資金を募るケースを公募といい、国や地方自治体が発行する債券を総称し公債という。

付録
## 08 ふるさと納税の活用
返礼品と控除

> **Point**
> - ふるさと納税を活用して特産物などの返礼品を獲得する
> - 高所得者ほど恩恵を受けることができるしくみ

### 実質2,000円の負担で返礼品が受け取れる

2008年に開始されたふるさと納税は、生まれ故郷や応援したい自治体に寄付ができる制度で、税収減少対策と地方創生を目的とした寄附金税制の1つです。ふるさと納税は、支払う税金の一部を自身の住民票のある自治体以外に寄付することで返礼品を受け取ることができるしくみです。返礼品もその地元の特産品などが該当するため、その地域も潤うことになります。

実際には2,000円だけ負担することにはなりますが、あとは収入や家族の状況などに応じて寄付できる上限額が決まります。2019年から返礼品に関して制限ができたため魅力度は薄れたともいわれていますが、現在も寄付した額の最大30％分が返礼品として受け取ることができます。例えば1万円寄付すれば最大3,000円分の返礼品を受け取れます。ふるさと納税は所得が多い人ほど寄付できる金額が多くなり、受け取れる返礼品の額も多くなります。

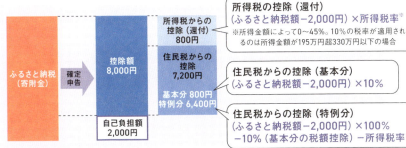

ふるさと納税の控除額（ふるさと納税で1万円を寄付した場合）

出典：総務省「ふるさと納税のしくみ」
※全額控除されるふるさと納税額（念願上限）の目安は給与収入と家族構成よってことなるため、総務省ウェブサイト内の表や、寄附金控除額の計算シミュレーションで確認する

**返礼品** 自治体に寄附した際にお礼として貰えるその自治体の特産品や名産品などのこと。肉、海産物、米、野菜、加工食品、スイーツ、酒、ホテルの宿泊券などバラエティ豊か。

KEYWORD

# 索引

## 英数字

|  |  |
|---|---|
| 115の法則 | 35 |
| 1株あたり当期純利益 | 75 |
| 20.315％の税金 | 159, 168 |
| 72の法則 | 34 |
| CFD取引 | 142 |
| CI（景気動向指数） | 49 |
| DI（景気動向指数） | 49 |
| EPS | 75 |
| ETF | 138 |
| FFレート | 163 |
| FOMC | 50 |
| FUNDINNO | 146 |
| FX | 142, 160 |
| GDP | 36 |
| GPIF | 198 |
| iDeCo | 22, 172, 174, 180, 184 |
| IMF | 52 |
| ISM製造業景況指数 | 50 |
| MMF | 158 |
| NISA | 170, 174, 182 |
| OECD | 53 |
| PBR | 64, 68 |
| PD | 201 |
| PE | 200 |
| PER | 64, 74 |
| PTS | 79 |
| READYFOR | 144 |
| REIT | 127, 132, 134 |
| ROE | 70 |
| RSI | 76 |
| S&P500 | 176 |
| TOPIX | 63 |
| WealthNavi | 209 |
| WISE | 166 |

## あ

|  |  |
|---|---|
| アクティブファンド | 108, 124 |
| アセットアロケーション | 204 |
| アベノミクス | 45 |
| 安全性 | 58 |
| 移換手続き | 184 |
| 一時所得 | 211 |
| 一致指数 | 48 |
| 一般口座 | 95 |
| インカムゲイン | 60, 106 |
| インターネット銀行 | 29 |
| インデックスファンド | 108, 124 |
| インバウンド需要 | 178 |
| インフレ | 28, 54 |
| 受渡日 | 174 |
| 売り建て | 84 |
| 売りのサイン | 76 |
| 運用 | 32 |
| 運用報告書 | 116 |
| 運用利回り | 196 |

| | |
|---|---|
| 英ポンド | 164 |
| オプション | 102 |
| オルタナティブ資産 | 138 |

## か

| | |
|---|---|
| 海運株 | 139 |
| 外貨建てMMF | 158 |
| 外貨建て保険 | 156 |
| 外貨預金 | 154 |
| 外国債券 | 89, 92, 94 |
| 会社四季報 | 64 |
| 会社四季報オンライン | 72 |
| 買い建て | 84 |
| 買いのサイン | 76 |
| 乖離許容幅 | 199 |
| 格付け | 90, 104 |
| 確定申告 | 182 |
| 家計収支 | 18 |
| 貸株 | 86 |
| 可処分所得 | 17 |
| 株価収益率 | 64 |
| 株価純資産倍率 | 64 |
| 株式 | 60 |
| 株式型クラウドファンディング | 146 |
| 株式ミニ投資 | 82 |
| 株主優待 | 60, 86 |
| 為替差損 | 152 |
| 為替手数料 | 154 |
| 為替ヘッジ | 177 |
| 還元率 | 210 |
| 元本保証 | 97 |

| | |
|---|---|
| 機関投資家 | 81 |
| 基軸通貨 | 162 |
| 基準価額 | 106, 120 |
| 既発債 | 100 |
| 規模別・業種別PER・PBR（連結・単体）一覧 | 64 |
| 逆相関 | 99 |
| キャピタルゲイン | 61, 106 |
| キャリートレード | 165 |
| 給与 | 16 |
| 教育資金 | 14 |
| 金貨投資 | 141 |
| 金投資 | 140, 148 |
| 金融緩和 | 150 |
| 金融引締政策 | 150 |
| 金利 | 25, 28, 90, 150 |
| 金利平価説 | 150 |
| クーポン | 96 |
| 口数買付 | 118 |
| 区分所有 | 130 |
| 繰上返済 | 31 |
| 繰越控除 | 182 |
| クレジットカード | 27 |
| グローバル株式 | 202 |
| 黒字転換 | 72 |
| 黒字率 | 18 |
| 景気動向指数 | 49 |
| 経済協力開発機構 | 53 |
| 経済成長 | 36 |
| 決済用預金 | 38 |
| 決算短信 | 78 |
| 月報 | 116 |

| | |
|---|---|
| 減価償却費 | 129 |
| 現金同等物 | 68 |
| 源泉徴収 | 168 |
| 現物不動産投資 | 130 |
| 公共公債 | 214 |
| 公共債 | 92 |
| 厚生年金 | 19 |
| 公的年金制度 | 189 |
| 公的年金等控除 | 173 |
| 購買力平価説 | 150 |
| 交付目論見書 | 116 |
| コーポレートガバナンス | 62 |
| 国際通貨基金 | 52 |
| 国内債券 | 92 |
| 個人型確定拠出年金 | 22 |
| 個人年金保険 | 55, 156 |
| 個人向け国債 | 96 |
| コモディティ | 54, 138 |

## さ

| | |
|---|---|
| 財形貯蓄制度 | 24 |
| 債券 | 88 |
| 財産三分法 | 192 |
| 再投資 | 34 |
| 先物取引 | 84 |
| 差金決済取引 | 142 |
| 雑所得 | 152 |
| サブリース | 128 |
| サムライ債 | 94 |
| 塩漬け | 195 |
| 時価総額 | 68 |

| | |
|---|---|
| 時間分散 | 40, 44 |
| 時期分散 | 40 |
| 事業債 | 92 |
| 資金使途 | 88 |
| 仕組債 | 102 |
| 自己資金 | 126 |
| 自己資本 | 71 |
| 自己資本利益率 | 70 |
| 資産運用ルール | 56 |
| 資産分散 | 40 |
| 私設取引システム | 79 |
| 実質GDP成長率 | 37 |
| 実質利回り | 131 |
| 自動移換 | 185 |
| 自動貯金アプリ | 24 |
| 自動的な資産配分 | 191 |
| シャープレシオ | 114 |
| ジャンク債 | 91 |
| 収益性 | 58 |
| 終身保険 | 156 |
| 修正平均株価 | 74 |
| 住宅資金 | 14 |
| 住宅ローン控除 | 30 |
| 主要資産 | 80 |
| 純金積立 | 140 |
| 純資産総額（投資信託） | 112 |
| 償還 | 113 |
| 小規模企業共済等掛金控除 | 172 |
| 上場REIT | 132 |
| 上場（企業） | 62, 78 |
| 譲渡損益 | 153 |
| 商品分散 | 180 |

| | |
|---|---|
| ショーグン債 | 94 |
| 新株予約権付社債 | 92 |
| 新興国 | 181 |
| 信託期間 | 111 |
| 信託財産留保額 | 107, 112 |
| 信託報酬 | 106, 112 |
| 新発債 | 100 |
| 信用取引 | 84 |
| スワップ | 102, 143 |
| スワップポイント | 160 |
| 政策金利 | 41, 51 |
| 成長投資枠 | 171, 178 |
| 政府機関債 | 92 |
| 世界REIT | 134 |
| 世界経済見通し | 52 |
| 世界投資適格社債 | 98 |
| セカンダリーマーケット | 100 |
| セキュリテ | 147 |
| 節税効果 | 175 |
| ゼロクーポン債 | 96 |
| 相関係数 | 42 |
| ソーシャルレンディング | 144 |
| 損益通算 | 152, 182 |
| 損切り | 160 |

## た

| | |
|---|---|
| ターゲットイヤー型（投資信託） | 110 |
| 大学ファンド | 203 |
| 退職金 | 23 |
| 第二種金融商品取引業 | 145 |
| 高値づかみ | 44 |
| 脱デフレ | 190 |
| 単位型（投資信託） | 110 |
| 単元株 | 82 |
| 単元未満株 | 82 |
| 単利 | 34 |
| 地域分散 | 40 |
| 遅行指数 | 48 |
| 中小型株 | 71, 73 |
| 中途換金 | 96 |
| 貯蓄 | 32 |
| 追加型（投資信託） | 110 |
| 通貨ペア | 161 |
| 積立貯蓄 | 32 |
| 積立投資 | 44, 46 |
| つみたて投資枠 | 170, 176 |
| 積立預金 | 24 |
| 定額保険 | 55 |
| 定期預金 | 28 |
| 定時定型 | 110 |
| 適時開示情報閲覧サービス | 78 |
| 出口戦略 | 194 |
| テクニカル指標 | 76 |
| デフレ | 28 |
| デュアル・カレンシー債 | 94 |
| デリバティブ | 102 |
| 転換社債 | 93 |
| 電子マネー | 208 |
| テンバガー | 73 |
| 投機 | 84 |
| 東京証券取引所 | 62 |
| 投資型クラウドファンディング | 146 |

| 投資口価格 | 133 |
| --- | --- |
| 投資信託 | 106 |
| 投資適格債 | 104 |
| 東証株価指数 | 63 |
| 騰落率 | 114 |
| 騰落レシオ | 179 |
| トータルリターン | 120 |
| トータルリターン通知制度 | 121 |
| 特定口座 | 94 |
| 特別控除 | 169 |
| 匿名組合型 | 136 |
| トップダウン・アプローチ | 109 |
| 取引所取引 | 100 |

## な

| 日銀短観 | 48 |
| --- | --- |
| 日経平均株価 | 56, 62, 74 |
| 日本取引所グループ | 64 |
| ニューヨークダウ | 57 |
| 任意組合型 | 136 |
| 値動き | 43 |
| 値がさ株 | 83 |
| 年金終価係数 | 197 |
| 年金積立金管理運用独立行政法人 | 198 |

## は

| ハイイールド債 | 91 |
| --- | --- |
| 売却益 | 60 |
| 配当 | 66 |
| 配当金 | 60, 66 |

| 売買委託手数料 | 101 |
| --- | --- |
| 発行市場 | 100 |
| 非システマティックリスク | 206 |
| ファンダメンタルズ | 77 |
| ファンド | 106 |
| ファンド型クラウドファンディング | 146 |
| 複利 | 34 |
| 複利効果 | 34, 119 |
| 普通預金 | 28 |
| 物価連動国債ファンド | 55, 213 |
| 不動産クラウドファンディング | 137 |
| 不動産小口化商品 | 136 |
| 不動産投資 | 126 |
| 不動産特定共同事業法 | 136 |
| プライマリーマーケット | 100 |
| 分散投資 | 40 |
| 分配金 | 114 |
| 平均貯蓄率 | 19 |
| 米国雇用統計 | 50 |
| 米ドル | 162 |
| 米連邦公開市場委員会 | 50 |
| ヘッジファンド | 164 |
| 変額(年金)保険 | 55 |
| ベンチマーク | 108, 114 |
| 返礼品 | 215 |
| 貿易収支 | 151 |
| ポートフォリオ | 122, 190 |
| 保険 | 15 |
| 募集手数料 | 106, 112 |
| ボトムアップアプローチ | 108 |
| ボリンジャーバンド | 77 |

## ま

マーケット・ニュートラル運用 201
毎月の収支 17
マクロ経済スライド 18
未上場企業 62
未公開株 95
ミドルリスク・ミドルリターン
126, 192
ミニ株 82
民間債 92
無形資産 68
名目GDP成長率 37
メガバンク 28
目標リターン 38
目論見書 116

## や

約定日 123
山高ければ谷深し 135
有利子負債 69
ユーロ 162
ユニコーン企業 205
養老保険 156
預金 28, 32
預金保険 38
予想配当利回り 67
予定利率 157

## ら

ライフサイクル 196
ライフプラン 14, 196
利上げ 51
利益確定 160
利下げ 41
リスク許容度 190
リスク性金融商品 155
リスク低減効果 193
リスクとリターン 38
リスクヘッジ 84
利息 24
リタイアメントプラン 14
利付債 96
リバース・デュアル・カレンシー債
94
リバランス 212
利回り 47
流通市場 100
流動性 58
流動性が高い 90
流動性リスク 103
レーティング 115
レバレッジ 85, 142, 160
老後資金 14
ローリスクの金融商品 183
ロボアドバイザー 212

## わ

割高 65
割引債 96
割安 65

## おわりに

　本書は、一般的な金融商品の説明から、実際に運用を行う際に活用できる内容まで幅広く説明した資産運用の教科書です。

　日本が資産運用立国になるためには、根本的な意識を変え、資産運用は行うものであるという認識を定着させていく必要があります。そのためにも、本書は資産形成、資産運用の基本から掲載し、資産運用に対する怖さを少しでも払拭できればと思い執筆しました。

　資産運用による投資資金は、必要なところに行き渡り、活用され、企業の成長や日本の経済成長にも一役買うことになります。経済の潤滑油としての役割を果たす面があり、今後その役割はさらに高まっていくでしょう。

　ただし、なんでも投資すればよいというわけではありません。

　ただ単純に投資資金を提供するだけでは不必要なところに集まる可能性もあります。必要以上に資金が集まり、過熱することでバブル醸成といったこともあり得ます。

　そうならないようにするためにも、何に投資すべきか、どのような資産運用を図るべきか、さらに言えば割安な金融商品には何があるのか、こうした目利き、資産運用ルールをそれぞれが構築することが求められています。

　そのためにも、金融リテラシーの向上が必要です。

　本書をお読みになったことで、ある程度の資産運用に関する知識はついたといっても過言ではありません。また、各金融商品の特徴を知り、どういった場合にどのような金融商品を買えばよいのか、分散投資を行うためにはどうすればよいのかといった「守り、攻め」の考え方についてもご理解いただけたのではないかと思います。

　次のステップはいよいよ実践です。資産運用というのは、一般論だけで対

応できるものではありません。その時々の経済情勢、政治情勢といったさまざまな要因が組み合わさることで、株価などは変動します。

時には理論とは真逆の結果となることもあります。決算はよかったのに来期の業績予想は思ったほどよいものではなく株価は下落した、金利は上昇したものの想定範囲で、むしろ債券価格は上昇した。こうした動きは、実践で見て、慣れる。そしてどういうパターンの場合に理屈通りにいかないのかを理解する必要があります。

こうした理解が次の資産運用へと活かせるようになり、落ち着いた行動をとれることが自身の資産を増やすことにもつながるでしょう。

最後に、資産運用において忘れてはならない点をお伝えしておきます。

それは、個人投資家の場合、気長に構えて中長期的な資産運用を目指すこと。

上がるも下がるも確率は1/2です。日々の運用状況に一喜一憂する必要はありません。個人投資家は、最終的に目標金額を構築できればよいのです。

そのためには、積立投資などを活用し、時間分散・地域分散・資産分散をうまく使い分け、コツコツと気長に行えばよく、大きく下がった場合には追加購入も検討します。

ただし、最終的に価格が上がりそうなものを購入しなければ意味がありません。そのためにも、どの国・地域・企業に伸びしろがありそうか、経済の勉強も必要になります。セミナーや新聞、各種レポートなどを活用するほか、現地に赴いて体感してもよいでしょう。

皆さまにとって資産運用が身近なものとなり、実践での経験を積まれることを切に願います。そして、資産運用を行うことで、少しでも家計の不安が取り除けますように。

2024年7月
著者しるす

## 著者紹介

**伊藤 亮太**（いとう りょうた）

1982年生まれ。岐阜県大垣市出身。2006年に慶應義塾大学大学院商学研究科経営学・会計学専攻を修了。在学中にCFPを取得する。その後、証券会社にて営業、経営企画、社長秘書、投資銀行業務に携わる。2007年11月に「スキラージャパン株式会社」を設立。2019年には金や株式などさまざまな資産運用を普及させる一般社団法人資産運用総合研究所を設立。現在、個人の資産設計を中心としたマネー・ライフプランの提案・策定・サポート等を行う傍ら、資産運用に関連するセミナー講師や講演を多数行う。著書に『図解 金融入門 基本と常識』（西東社）、『図解即戦力 金融業界のしくみとビジネスがこれ1冊でしっかりわかる教科書［改訂2版］』（技術評論社）、監修に『ゼロからはじめる！お金のしくみ見るだけノート』（宝島社）など。

### STAFF

| | |
|---|---|
| 装丁 | 井上新八 |
| 本文デザイン | 大場君人 |
| 本文イラスト | こつじゆい |
| 担当 | 橘浩之 |
| DTP | 有限会社中央制作社 |
| 編集 | 有限会社ヴュー企画（岡田直子） |

図解即戦力
資産の運用と投資のキホンが
これ1冊でしっかりわかる教科書

2024年10月2日　初版　第1刷発行
2024年12月19日　初版　第2刷発行

| | |
|---|---|
| 著　者 | 伊藤亮太 |
| 発行者 | 片岡　巌 |
| 発行所 | 株式会社技術評論社 |
| | 東京都新宿区市谷左内町 21-13 |
| | 電話 03-3513-6150　販売促進部 |
| | 　　　03-3513-6185　書籍編集部 |
| 印刷／製本 | 株式会社加藤文明社 |

©2024　伊藤亮太、有限会社ヴュー企画
定価はカバーに表示してあります。
本書の一部または全部を著作権法の定める範囲を超え、無断で複写、複製、転載、テープ化、ファイルに落とすことを禁じます。
造本には細心の注意を払っておりますが、万一、乱丁（ページの乱れ）や落丁（ページの抜け）がございましたら、小社販売促進部までお送りください。送料小社負担にてお取り替えいたします。

ISBN978-4-297-14371-8 C0033　　Printed in Japan

---

◆お問い合わせについて
●ご質問は本書に記載されている内容に関するもののみに限定させていただきます。本書の内容と関係のないご質問には一切お答えできませんので、あらかじめご了承ください。
●電話でのご質問は一切受け付けておりませんので、FAXまたは書面にて下記問い合わせ先までお送りください。また、ご質問の際には書名と該当ページ、返信先を明記してくださいますようお願いいたします。
●お送りいただいたご質問には、できる限り迅速にお答えできるよう努力いたしておりますが、お答えするまでに時間がかかる場合がございます。また、回答の期日をご指定いただいた場合でも、ご希望にお応えできるとは限りませんので、あらかじめご了承ください。
●ご質問の際に記載された個人情報は、ご質問への回答以外の目的には使用しません。また、回答後は速やかに破棄いたします。

◆お問い合わせ先
〒162-0846
東京都新宿区市谷左内町21-13
株式会社技術評論社
書籍編集部
「図解即戦力
資産の運用と投資のキホンがこれ1冊でしっかりわかる教科書」係
FAX：03-3513-6181
技術評論社ホームページ
https://book.gihyo.jp/116
またはQRコードよりアクセス